Ludwig Deinhard

Die Geheimlehre

Sarastro Verlag

Ludwig Deinhard

Die Geheimlehre

1. Auflage 2012 | ISBN: 978-3-86471-117-6

Erscheinungsort: Paderborn, Deutschland

Sarastro GmbH, Paderborn. Alle Rechte beim Verlag.

Nachdruck des Originals von 1909.

Ludwig Deinhard

Die Geheimlehre

Sarastro Verlag

Deinhard,
Die Geheimlehre.

———

Die Geheimlehre.

Nach H. P. Blavatskys „Secret doctrine".

Von

Ludwig Deinhard.

Zweite durchgesehene Auflage.

Leipzig

Verlag von Max Altmann.

1909

Druck von H. Klöppel, Quedlinburg.

Vorwort.

Vorstehende Einführung in das Studium der Geheimlehre von Helena Petrowna Blavatsky erschien zuerst
im November- und Dezember-Heft, Jahrg. 1894, der
von Dr. Hübbe-Schleiden in den Jahren 1886 bis
1895 herausgegebenen „Sphinx", des damaligen Organs
der deutschen theosophischen Bewegung. Als separate
Broschüre erscheinen diese Blätter hier in II. Auflage.

Ueber die ungewöhnlichen, mit der Entstehung dieser
Geheimlehre verknüpften Vorgänge gibt am besten das
Buch: „Reminiscences of H. P. B. and the secretdoctrine"
von Gräfin Constance Wachtmeister (London, The
Theosophical Publishing Society, 1893) Aufschluß, von
dem, wenn ich nicht irre, heute auch eine deutsche Uebersetzung vorliegt. Wer sich über das Leben von H. P.
Blavatsky (hier kurz H. P. B. genannt) genauer
informieren und etwas wirklich Authentisches darüber erfahren will, der sei auf die Hefte IV, VII und XVI der
von Dr. Franz Hartmann herausgegebenen „Lotusblüten" verwiesen. Er erhält dort über das vielverschlungene
Leben dieser ungewöhnlichen Frau wirklich zuverlässigen
Aufschluß. Ebenso wie dies in den vorliegenden Blättern
geschieht, hat Dr. Franz Hartmann schon im Jahrgang

1893 seiner „Lotusblüten" unter dem Titel: „Auszüge aus der Geheimlehre des Ostens" dem deutschen Leser einen Begriff zu verschaffen gesucht von den tiefsinnigen Lehren, die den Inhalt jenes von H. P. B. wohl niedergeschriebenen, nicht aber verfaßten Werkes bilden. Wer es in Wirklichkeit verfaßt hat, darüber gibt die hier genannte Literatur nähere Auskunft.

Den hier folgenden Ausführungen, welche in zwei Kapitel zerfallen, von denen das eine die Entstehung der Erde als Stätte der Entwickelung des Menschen, das andere die Entwickelung der menschlichen Rassen behandelt, liegt der Inhalt einer Broschüre von K. Hillard: „Evolution according to Theosophy" (New York, 1893) zu Grunde. Daß das richtige Erfassen des eigentlichen Sinnes der hier angeführten, oftmals nur lose aneinander gereihten Sätze seine großen Schwierigkeiten hat, kann allerdings nicht bestritten werden. Schwerverständlich, um nicht zu sagen unverständlich mutet uns Europäer in der Tat manche abstruse Behauptung an, die diese Geheimlehre des Ostens aufstellt.

„Die Geheimlehre von H. P. Blavatsky — schrieb Dr. Franz Hartmann einmal im Briefkasten seiner „Lotusblüten" — wird das Buch des 20. Jahrhunderts bilden." Dies möchte ich heute allerdings bezweifeln. Denn heute bereits steht in der deutschen theosophischen Bewegung im Mittelpunkt des Interesses nicht mehr die Geheimlehre des Ostens, wie sie uns durch H. P. Blavatsky vermittelt worden ist, sondern die Geheimlehre des Westens, wie sie uns in den zahlreichen Schriften Dr. Rudolf Steiners entgegentritt.

In vielen wesentlichen Punkten, die die Entwickelung der aufeinanderfolgenden menschlichen Rassen betreffen, stimmen diese beiden Geheimlehren, die des Ostens und die des Westens, miteinander freilich überein. In vielen Punkten aber, die die Entstehung der Erde als Stätte der Entwickelung des Menschen betreffen, gehen diese beiden Geheimlehren dagegen weit auseinander. Welche davon dürfte der Wahrheit am nächsten kommen? Auf diese Frage wird das 20. Jahrhundert zu antworten haben.

München, Februar 1909.

Ludwig Deinhard.

Kapitel I.

Die Entstehung der Erde als Stätte der Entwickelung des Menschen.

Das Gesetz der Entwickelung ist nach der Definition der Wissenschaft zunächst ein Gesetz der Kontinuität oder des kausalen Verhältnisses durch die ganze Natur hindurch, d. h. mit andern Worten eines beständig fortschreitenden Wechsels nach gewissen Gesetzen vermöge der in der Natur wirkenden Kräfte.

Ein Gesetz, das für die ganze Natur gültig ist, muß im Kosmos gleicherweise wie im Individuum regieren, und sein Wirken im unendlich Kleinen darf nur ein verkleinerter Abglanz sein seiner Wirkung im unendlich Großen, wie wir z. B. eine ganze Landschaft gespiegelt sehen in einem Tautropfen oder in der Pupille im Auge eines Kindes. Der Materialismus, die herrschende wissenschaftliche Anschauung unserer Tage, weist jede Art von Entwickelung, die keine physische Basis besitzt, zurück, wie er sich denn überhaupt nur mit solchen Phänomenen abgibt, die sich materiell beweisen lassen. Allein den ersten Prinzipien, die solchen Phänomenen zugrunde liegen, gegenübergestellt, befindet sich diese Wissenschaft oft in einer übeln Lage, und ihre Behauptungen über den Ursprung der Dinge sind kaum das, was die meisten von uns exakt nennen würden.

Fragt man z. B.: „Aus was besteht denn das materielle Universum?" so lautet die Antwort: „Aus Aether, Materie und Energie." Fragen wir weiter: „Was ist Aether?" so erhalten wir die Antwort: „Der Aether ist zwar unsern Sinnen nicht direkt zugänglich, allein es ist eine Art mathematischer Substanz, zu deren Annahme wir durch die Phänomene des Lichts und der Wärme gezwungen sind." („Moderne Wissenschaft und modernes Denken" von S. Laing.)

Fragen wir weiter, z. B. Mr. Huxley: „Was ist Materie?" so antwortet er uns in seiner „Vorlesung über das Protoplasma":

„Ganz strikt genommen können uns allerdings chemische Untersuchungen über die Zusammensetzung der lebenden Materie direkt nichts enthüllen . . . . . Ebenso müssen wir auch zugeben, daß wir über das eigentliche Wesen eines materiellen Körpers offen gestanden nichts wissen."

Schlagen wir endlich in irgend einem modernen Lehr-buch der Physik die dort gegebene Antwort auf die Frage: „Was ist Energie?" nach, so finden wir: „Energie ist das, was uns nur durch seine Wirkung bekannt ist", und weiter: „Die Moleküle aller Körper stehen unter dem Einfluß zweier entgegengesetzter Kräfte, von denen die eine sie zusammenzubringen, die andere sie zu trennen sucht . . . . die eine ist die molekulare Attraktion, die andere eine Folge der vis viva oder der lebendigen Kraft." (Ganots Physik.)

Fragen wir nun wieder Mr. Huxley: „Was ist denn diese lebendige Kraft?" so lautet die Antwort: „Das

wissen wir nicht. Ein leerer Schatten unserer Einbildung."
(Huxley: „Die physische Unterlage des Lebens".)

Die Verzweiflung der modernen Wissenschaft gegenüber diesen Problemen kleidete der kürzlich verstorbene
Physiker Tyndall in folgende Worte:

„Die Uranordnung der Atome, von der alle folgende
Aktion abhängt, spottet kühneren Untersuchungsmethoden
als der des Mikroskops. Selbst der geschulteste Intellekt,
die verfeinertste, höchst entwickelte Kraft der Einbildung
zieht sich in Verwirrung zurück angesichts des Problems,
die erste Ordnung der Atome zu erklären."

Wenden wir uns von der exakten Physik und ihrer
Verzweiflung über ihr Unvermögen, die aufgeworfenen
Fragen befriedigend zu beantworten, zur Astronomie, der
allerexaktesten unter den Wissenschaften, so warten auch
hier unser manche Enttäuschungen. Die Frage nach
der Temperatur der Sonne z. B. wurde bis heute von
den Naturforschern auf das allerverschiedenste beantwortet.
1881 brachte die Novembernummer des „Journal of Science"
eine Abhandlung, in der nachgewiesen wurde, daß diese
Temperaturangaben um nicht weniger als 8 998 600 Zenti-
grade voneinander differieren. (Secret Doctrine I. 484.)[1])

An einer andern Stelle der Geheimlehre (S. D. II.
694) sind die untereinander sich widersprechenden Angaben der Geologen und sonstigen Gelehrten über das
vermutliche Alter der Erde seit der Bildung einer Kruste,
auf der sich vegetabilisches Leben zu entwickeln vermag,

---

[1]) Die in dieser Schrift angeführten Stellen der Secret doctrine
beziehen sich auf die I. u. II. Auflage dieses Werkes.

zusammengestellt. So schätzte Sir William Thomson diese
Periode auf 10000000 Jahre; Lyell auf 240000000;
Darwin auf 300000000; Huxley auf 1000000000 Jahre.

Der Geologe Belt schätzte die seit der Eisperiode
verflossene Zeit auf 20000 Jahre, Rob. Hunt F. R. S.
auf 80000, J. Croll F. R. S. auf 240000 Jahre[1]).

Etwas starke Differenzen! Und dies nennt man exakte
Wissenschaft! Wahrlich, man gerät in Versuchung, obigen
Ausspruch Tyndalls auf diese Wissenschaft ironisch folgender-
art anzuwenden: Der Okkultismus zieht sich in Verwirrung zurück angesichts des Problems, aus diesen aus-
einandergehenden Ansichten Klarheit zu schöpfen, und
wagt es dagegen seinerseits, eine Entwickelungstheorie
vorzuschlagen, die auf einer ganz andern Basis fußt:
auf der Dreiheit, nämlich von Geist, Materie und Energie,
indem er diese als koexistierende ewige Seiten (aspects)
der einen Großen Realität, des Absoluten auffaßt, von
dem überhaupt nichts ausgesagt werden kann.

Diese Theorie stützt sich auf die gesetzliche Gleich-
förmigkeit, die wir in jeder Phase des Seins vorfinden,
auf die Wahrheit des ja auch von der Wissenschaft
anerkannten Axioms, daß die Geschichte des Individuums
gleichzeitig auch die Geschichte der Rasse und die des
Kosmos bildet; und ferner ist diese Theorie, basiert auf
den Lehren jener Geheimwissenschaft, die seit unvordenklicher
Zeit von den Weisen des Ostens verwahrt, neuerdings
in der „Geheimlehre" zum Teil wenigstens der Welt

---

[1]) Heute nimmt man noch bedeutend höhere Zahlen an.

übergeben worden.[1]) Dieses Buch ist ein Kommentar und eine Erklärung gewisser Stanzen eines uralten Manuskripts, genannt das Buch Dzyan, das, wie uns H. P. B. mitteilt, in Senzar, der Geheimsprache der Priester, nach den Worten der göttlichen Lehrer ganz am Anfang der gegenwärtigen fünften Rasse[2]) nieder= geschrieben worden ist. Nach den Lehren, die dieses Manuskript enthält, sind später die ersten chinesischen Bibeln, die ältesten Bücher der Kabbala und die heiligen Religionsbücher der Chaldäer, Aegypter und Indier ab= gefaßt worden. Es existieren noch viele alte Kommentare über dieses Manuskript, die dessen abstrus erscheinenden und stark kondensierten Aufstellungen ergänzen und er= klären und die dann in der „Geheimlehre" bis zu einem erstaunlichen Grad von Anschaulichkeit erläutert und weiter ausgeführt wurden. Es wird ferner dort die Behauptung vertreten, daß in den verborgenen Felsen= tempeln und Krypten Indiens und West=Asiens zahllose Manuskripte von unschätzbarem Werte und immensem Alter aufbewahrt sind, gerettet zum Teil aus der Zer= störung der Bibliotheken von Alexandria und anderer

---

[1]) „Es ist wohl nicht nötig, hervorzuheben" — sagt H. P. B. im Vorwort zur „Geheimlehre" — „daß dieses Werk nicht die ganze geheime Lehre, sondern nur eine Auswahl von Bruch= stücken fundamentaler Wahrheiten enthält."

[2]) Ueber die verschiedenen Rassen siehe weiter unten im Kapitel II. Der Ausdruck Rasse ist übrigens hier nicht im gewöhnlichen naturwissenschaftlichen Sinn gemeint, sondern im Sinn des Okkultismus, wo er, wie wir weiter unten sehen werden, eine ganz andere Bedeutung hat.

alter Bibliotheken, in den viele Einzelheiten über alte Religionen und geschichtliche Daten enthalten sind.

In der Einleitung zur Geheimlehre (S. D. I. XXI) erklärt H. P. B. die befremdende Tatsache, daß gerade jetzt, nach tiefem geheimnisvollen Schweigen während langer Jahrtausende der Welt ein kleiner — gegenüber dem noch verschwiegen bleibenden Rest, der Hunderte solcher Bände wie die „Geheimlehre" füllen würde, sogar verschwindend kleiner — Teil jener uralten Wahrheiten übergeben wird, und zwar folgendermaßen: „Gegen das Ende des ersten Viertels des 19. Jahrhunderts erschien in der Welt eine besondere Klasse von Literatur, die mit jedem neuen Jahr eine bestimmtere Tendenz zeigte. Diese auf soidisant gelehrten Forschungen der Sanskritisten und Orientalisten basierende Literatur wurde für wissen=schaftlich gehalten. Danach mußten die alten Religionen, Mythen und Symbole der Hindus und Aegypter gerade die Bedeutung haben, welche die Herren Symboliker für gut fanden, wobei sie aber oft nur die rohe Außen=seite und nicht den inneren Sinn berücksichtigten. Werke, bedeutsam durch ihre scharfsinnigen Deduktionen und Speku=lationen in circulo vitioso, in denen die Folgerungen an Stelle der Prämissen treten, wie in den Syllogismen vieler Sanskrit= und Pali=Gelehrten, erschienen in rascher Auf=einanderfolge und überfluteten die Bibliotheken mit Disser=tationen, mehr die Phallus= und Sexual=Verehrung als eigentliche Symbolik behandelnd, wobei eines dem andern widersprach. Dies — fährt H. P. B. fort — mag viel=leicht die wahre Veranlassung für die nun erfolgte Ent=hüllung einiger weniger fundamentaler Wahrheiten aus

dem Schatze der „Geheimlehre" der ältesten Zeit gebildet
haben."

Daß von diesen wenigen Urwahrheiten in dem hier
folgenden Auszug nur das Gerippe gegeben werden kann,
liegt auf der Hand. Dabei müssen wir im Auge behalten, daß ein großer Teil selbst dieser esoterischen Lehre
symbolisch gemeint ist, und deshalb uns hüten, Sätze, in
denen geistige, aber mit einem Schleier verhüllte Wahrheiten enthalten sind, wörtlich zu nehmen. Je tieferen
Sinn wir finden, umso mehr nähern wir uns jener Wahrheit, die auch jetzt, wie immer, im tiefsten Grund des
Brunnens verborgen liegt. Der Brunnen ist, nebenbei
bemerkt, das alte kabbalistische Symbol der „Geheimlehre". Und alle Wissenden versichern, daß es für jeden
wichtigen Mythus mindestens sieben Schlüssel oder Methoden
der Interpretierung gibt.

Um nun aber endlich zu unserem eigentlichen Thema
der Entwickelung der Erde zu kommen, beginnen wir
mit folgenden der Geheimlehre entnommenen Sätzen:
„Die wesentliche Eigenschaft aller kosmischen und terrestrischen Elemente, in sich selbst eine regelmäßige harmonische
Gruppe von Resultaten, eine Verkettung von Ursachen
und Wirkungen hervorzubringen, ist ein unwiderlegbarer
Beweis dafür, daß sie von einer äußeren oder inneren
Intelligenz belebt sind". Das heißt: die Tatsache, daß die
einfachsten Elemente den Anfang einer langen Kette von
verwickelten und harmonischen Resultaten bilden, beweist,
daß sie von einer Intelligenz belebt sein müssen, die entweder von innen oder von außen kommt. „Der Okkultismus leugnet die Gewißheit des mechanischen Ursprungs

des Universums nicht; er fordert nur hinter oder in diesem Elemente eine Art von Mechaniker." . . . . „Der Weltenraum, welcher die zu Aether verdünnte Materie enthält, kann weder mit noch ohne Attraktion den gewöhnlichen Begriff siderischer Körper deutlich machen." . . . „Selbst Newton sah sich zum Aufgeben der Idee genötigt, mit Hilfe der bekannten Natur und mittelst ihrer materiellen Kräfte, den jenen Millionen von Weltkörpern gegebenen ersten Bewegungs-Impuls zu erklären." . . . . „Newton erkannte auch vollständig die Grenzen, welche die Wirkung natürlicher Kräfte von der von Intelligenzen scheiden, die unveränderliche Gesetze aufstellen und in Aktion setzen." . . . . . „Um also vollständig zu sein und wirklich begreifbar zu werden, muß eine kosmogonische Theorie beginnen mit einer durch den endlosen Raum verbreiteten primordialen Substanz geistlicher und göttlicher Natur (der Begriff Substanz ist hier natürlich im metaphysischen Sinne zu nehmen, als von etwas dem Phänomenalen Unterliegenden)." . . . . „Diese Substanz muß Seele und Geist, Synthesis und höchstes Prinzip des manifestierten Kosmos sein, und um ihm als physische Basis zu dienen, als sein Vehikel sozusagen, muß primordiale physische Materie vorhanden sein, wenn auch deren Natur für immer unsern normalen Sinnen verschlossen bleibt" (I. 594 u. ff.) . . . . . „Diese Materie ist wirklich homogen, das Noumenon aller uns bekannten Materie." . . . . . „Sie ist die ursprüngliche primordiale prima materia, göttlich und intelligent, die direkte Emanation (Ausstrahlung) des universellen Geistes, der die Kerne (nuclei) aller sich selbst bewegenden kosmischen

Körper bildet. Sie ist die belebende, allgegenwärtige Bewegungskraft, das Lebensprinzip, die vitale Seele der Sonne, des Mondes, der Planeten und selbst die unserer Erde" (I. 602).

Es ist nun an der angeführten Stelle der S. D. auf das bekannte Jugendwerk J. Kants, „die Allgemeine Naturgeschichte und Theorie des Himmels" (1755 erschienen), hingewiesen, „welches die Lücke ausfüllt, welche Newton mit all seinem Genius zu überbrücken unterließ". Professor Dr. Windelband sagt in seiner Geschichte der neueren Philosophie II. Bd. S. 9 über dieses Kant'sche Jugendwerk: „Das volle Ausdenken des Prinzips der mechanischen Welterklärung führte bekanntlich Kant zu einer vertieften Darstellung des physiko-theologischen Beweises für das Dasein Gottes. Gerade wenn es Tatsache ist, daß die Natur auch aus dem Chaos wirbelnder Gase nach den ihr einmal innewohnenden Gesetzen zum Ausbau der harmonischen Systeme des Gestirnlaufes kommen muß, so zeigt sich eben darin, daß sie mit dieser ihrer Gesetzmäßigkeit in einer höchsten Intelligenz ihren Ursprung haben müsse."

Manche der dortigen Ausführungen Kants, so namentlich die, welche sich auf die Erklärung der Bewegung der Gestirne beziehen, sind aber nach H. P. B. derart, daß nur kleine Abänderungen in den Worten und wenige Zusätze hinreichten, um sie in die esoterische Lehre zu verwandeln.

„Die beiden Hauptprobleme — heißt es ferner in S. D. I. 595 in der Fußnote — die Bildung von Sonnen und Sternen aus primitiver Materie, und die Entwickelung

der Planeten um ihre Sonne beruhen auf ganz ver=
schiedenen Tatsachen in der Natur. Sie liegen in ent=
gegengesetzten Polen des Seins." ..... „Auf die Ge=
fahr hin, von sämtlichen Physikern ausgelacht zu werden,
behaupten die Okkultisten, daß alle Kräfte, die der Wissen=
schaft bekannt sind, im vitalen Prinzip, dem einen
Kollektivleben unseres Sonnensystems ihren Ursprung
haben — jenem Leben, das nur einen Teil oder, besser
ausgedrückt nur eine der Seiten des einen Universal=
lebens bildet" (I. 591). „Wenn der Okkultismus sogar
die Gravitation der modernen Wissenschaft und andere
physikalische Gesetze zurückweist und dagegen Anziehung
und Abstoßung gelten läßt, so erblickt er in diesen zwei
einander entgegengesetzten Kräften nur zwei Seiten einer
universellen Einheit, die er den sich manifestierenden
Geist nennt; Seiten, in denen der Okkultismus, wie
dessen große Seher lehren, zahllose Scharen von wirkenden
Wesen erkennt, deren Essenz in ihrer dualen Natur die
Ursache für alle terrestrischen Phänomene bildet. Denn
diese Essenz (Wesenheit) ist von derselben Substanz wie
das eine universelle elektrische Weltmeer, das wir Leben
nennen; und da sie, wie bemerkt, dualer Natur, d. h.
positiv und negativ ist, so sind es die Emanationen dieser
Dualität, welche auf der Erde unter der Bezeichnung
„Bewegungs=Arten" operieren ..... Es ist die Doppel=
wirkung dieser zweifachen Essenz, welche Zentripetal=
und Zentrifugalkräfte, negative und positive Polarität,
Hitze und Kälte, Licht und Dunkelheit usw. genannt wird
(I. 604). Es ist das Geist und Materie verbindende
Band, die geheimnisvolle göttliche Energie, von der

Wissenschaft Kraft genannt, durch welche sozusagen die
Ideen des universellen Geistes, der universellen Materie
aufgedrückt, als Naturgesetze auftreten und das Leben
der physischen Welt ausmachen. Diese Naturkräfte, —
Kohäsion, Wärme, Schall, Magnetismus, Elektrizität,
Nervenkraft, zusammengefaßt unter dem Begriff Bewegung — sind dann nicht jene blinden Kräfte der
Wissenschaft, blind wirkend, wie der Zufall will, — sondern
die Manifestationen intelligenter Kräfte (I. 145), die Er-
bauer des Universums, die erste Differenzierung des
manifestierten Logos, jenes „Wortes", durch das alles
Geschaffene geschaffen ist." Während die Wissenschaft
nur auf der Ebene physischer Existenz zahllose Gradunter-
schiede erkennt, behauptet der Okkultismus mindestens
ebenso viele auf der Ebene geistiger Existenz. Wenn
aber auch der Okkultismus eine unbegrenzte Anzahl von
Gradverschiedenheiten annimmt, so gilt ihm doch als
Fundamentalgesetz „die ursprüngliche Einheit der Uressenz
in allen Bestandteilen zusammengesetzter Naturkörper vom
Gestirn bis zum Mineralatom, vom höchsten Geistes-
wesen an bis zum niedrigsten Infusorium, durch alle
Welten hindurch, seien sie nun geistiger, seelischer oder
physischer Natur".

„Der unwissende Naturmensch nennt die Leben
spendenden zentralen Wesen Götter; der profane Gelehrte
spricht von dem einen Gott; der eingeweihte Weise
dagegen verehrt in jenen Wesenszentren nur periodische
Manifestationen dessen, über das weder unsere Schöpfer
noch ihre Geschöpfe jemals reden können, von dem sie
überhaupt nichts wissen. Das Absolute kann überhaupt

nicht definiert werden, und niemals hat ein Sterblicher oder ein Unsterblicher während der Perioden seiner Existenz das Absolute gesehen oder gar begriffen. Der der Veränderung Unterworfene kann über das Unver= änderliche nichts wissen, ebensowenig kann der Lebende absolutes Leben begreifen."

Beginnend also mit dem ersten Dämmern der Manifestationen, wird uns nun die erste Regung er= wachenden Lebens geschildert als die nach dem Zentrum hin gerichtete Kontraktionskraft des „Großen Atems", — wie die symbolische Bezeichnung der Hindus lautet — entsprechend dem, was wir in der materiellen Sphäre Bewegung nennen. „Das eine, ewige Element oder Element enthaltende Vehikulum ist der Raum, dimensionslos in jedem Sinn; koexistent mit ihm endlose Dauer, primordiale Materie, und Bewegung, der „Atem des einen Elements", der niemals aufhört, selbst während der Pralayas (Perioden der Ruhe des Absoluten, des Nichtseins) andauert (I. 55). Auf Attraktion oder Zusammenziehung folgt Expansion oder Ausdehnung als Wirkung der repulsiven Kraft. „Es ist merkwürdig," — sagt H. P. B. in einer Fußnote (I. 12) — „wie in den Entwickelungszyklen der Ideen sich die Gedanken der Alten in den Spekulationen der Modernen wider= spiegeln. Hatte wohl Herbert Spencer Hindu=Philosophie studiert, als er in seinen „Ersten Prinzipien" die folgende Stelle schrieb: „Augenscheinlich produzieren die universell koexistierenden Kräfte der Anziehung und Abstoßung, welche alle untergeordneteren Veränderungen im ganzen Weltall zu einem Rhythmus nötigen, gegenwärtig eine

unermeßliche lange Periode, während welcher die prädo=
minierenden Anziehungskräfte universelle Konzentration
verursachen, und hierauf folgt eine ebenfalls unermeßlich
lange Periode, während welcher die prädominierenden
Abstoßungskräfte universelle Diffusion (Zerstreuung) be=
wirken — abwechselnde Aeras von Entwickelung und
Auflösung"?

Diese Aeras, in der Kosmogonie der Hindus als
„die Tage und Nächte Brahmas" bezeichnet, umfassen
die aktive Periode, während welcher das Universum in
die Existenz tritt, sich wie eine Blume nach ewigen Ge=
setzen entfaltet und, nachdem es seine Bestimmung erfüllt,
abgelöst wird von einer passiven Periode, während welcher
„Finsternis brütet über der Oberfläche der Tiefe" und
das Manifestierte dem Unmanifestierten weicht.

Es ist ein Fundamentalgesetz im Okkultismus, der
Wissenschaft als Erhaltung der Energie bekannt, daß es
während dieser aktiven Periode keine Ruhe, kein Auf=
hören der Bewegung in der Natur gibt. „Die schein=
bare Ruhe ist nur Aenderung einer Form in eine andere;
die Aenderung der Substanz geht dabei Hand in Hand
mit der der Form." .... „Bewegung ist ewig im Un=
manifestierten, periodisch im Manifestierten," sagt eine
okkulte Lehre (I. 97. Fußnote). Und ein zweites Funda=
mentalgesetz des Okkultismus lautet: „Es gibt in der
Natur keine unorganischen Substanzen oder Körper. Steine,
Minerale und sogar sogenannte chemische „Atome" sind
einfach organische Einheiten in tiefer Lethargie. Ihr
Zustand von Coma hat ein Ende, ihre Trägheit wird
zur Tätigkeit." ..... „Denn die Umwandlung des

Mineralatoms durch den Kryftallifationsprozeß steht zu
seiner unorganischen Bafis im nämlichen Verhältnis, wie
die Umbildung der Zelle durch Pflanze und Tier hin=
durch bis zum menschlichen Körper, zu ihrem organischen
Kern" (II. 255).

Denn nicht der Mensch selbst, wohl aber die Mole=
küle, aus denen sein physischer Körper besteht, sind durch
alle Reiche der Natur hindurchgegangen, höher und höher
sich erhebend auf der Skala der Existenz, bis sie endlich
tauglich wurden, das Vehikulum des Intellekts zu bilden.

„Im Anfang", lautet die Lehre (um auf die ersten
Prinzipien zurückzukommen), „entwickelte sich das, was in
myftischer Phraseologie ‚kosmisches Verlangen‘ genannt
wird, zu absolutem Licht. Licht ohne Schatten wäre ab=
solutes Licht — mit andern Worten absolute Finsternis
— wie die Physik zu beweisen sucht" (I. 201). Dieser
Schatten erscheint zuerst in Form von primordialer Materie,
als kalter, leuchtender Feuernebel, oder wie sich die Stanzen
des oben erwähnten Buches Dzyan ausdrücken: „Dunkel=
heit strahlte Licht aus . . . . und das strahlende Licht
ward Feuer und Hitze und Bewegung". Der glühende
kosmische Staub wird zum feuerigen Wirbelwind, wie die
Kräfte des Universums, synthetisch als Bewegung auf=
gefaßt, — intelligente, nicht blinde Kräfte — jene Wirbel=
bewegung erzeugen, die eine der frühesten Konzeptionen
der Philosophie war. Der Wirbelwind kosmischen Staubes
bildet sich zu Kugeln aus, die in ihren „konvergierenden
Bahnen sich endlich einander nähern und zusammenfließen
(aggregieren)". Anfänglich systemlos über den Raum
hin verstreut, kommen diese Kugeln häufig in Kollision,

bis zu ihrer endlichen Vereinigung, worauf sie Kometen werden. „Die Natur dieser Kometenmaterie ist — nach der Lehre der okkulten Wissenschaft — in chemischer und physikalischer Hinsicht total verschieden von derjenigen, welche unserer modernen Wissenschaft bekannt ist, wie denn auch der große Alexander von Humboldt schrieb: „Der Trans-solar-Raum zeigt bis jetzt kein Phänomen analog denjenigen unseres Sonnensystems. Es ist eine Eigentümlichkeit unseres Systems, daß sich Materie darin in nebligen Ringen kondensiert haben muß, deren Kerne sich zu Erden und zu Monden verdichten. Ich wiederhole, bis jetzt ist nichts derart jenseits unseres Planetensystems beobachtet worden". („Deutsche Revue" vom 31. Dezember 1860, Art.: Briefe von und Gespräche mit Alexander von Humboldt.) (S. D. I. 497. Fußnote.) „Die Materie der Kometen ist in ihrer primitiven Form jenseits des Sonnensystems homogen, differenziert sich aber vollkommen, nachdem sie einmal die Grenzen unserer irdischen Region überschritten hat, indem sie durch die Atmosphäre der Planeten und durch die schon zusammengesetzte Materie des Inter-Planetarstoffs verunreinigt wird und somit erst Heterogenität in unserer manifestierten Welt zeigt" (I. 101. Fußnote). „Jeder in den unendlichen Tiefen des Raumes geborene kosmische Kern beginnt, plötzlich in die Existenz geschleudert, unter den feindlichsten Umständen zu leben. Er hat sich während einer Reihe von unberechenbaren Zeitabschnitten im grenzlosen Raume selbst einen Platz zu erobern. Er kreist rundum zwischen dichteren und schon fest gewordenen Körpern, die ihn abwechselnd anziehen und abstoßen"

(I. 203). „Viele dieser Kerne gehen zu Grunde, hauptsächlich
dadurch, daß sie von den verschiedenen Sonnen absorbiert
werden. Diejenigen, welche sich langsamer bewegen und
in eine elliptische Bahn gestoßen werden, verfallen früher
oder später der Vernichtung. Andere dagegen, die sich
in Parabeln bewegen — die Kometen — entgehen infolge ihrer größeren Geschwindigkeit dem Untergang"
(I. 204). Erst nachdem sie ihre Geschwindigkeit und
damit auch ihre feurigen Schweife einbüßen, setzen sich
die Kometen fest und werden Sonnen.

Die Lehre des Okkultismus verwirft die aus der
Nebulartheorie hervorgegangene Hypothese, wonach die
sieben großen Planeten sich aus der Zentralmasse der
Sonne herausentwickelt hätten. Sicherlich nicht aus
dieser, unserer sichtbaren Sonne. Die erste Verdichtung
kosmischer Materie fand natürlich rings um einen zentralen
Kern, irgend eine Mutter Sonne, statt; allein unsere
Sonne löste sich nach der Geheimlehre nur früher ab als
alle Planeten und ist deshalb deren ältere und größere
Schwester, nicht deren Mutter.

Der Okkultismus faßt unsere Sonne als einen
ungeheuren Magneten, deshalb als eine Quelle von
Magnetismus auf, als das Herz ihres Systems, als die
Geberin und Rückempfängerin des Lebensprinzips, als
die universelle Lebensspenderin. „Unser Sonnensystem ist
in demselben Maße ein Mikrokosmos verglichen mit
dem Einen Makrokosmos, wie der Mensch es ist verglichen mit seinem eigenen kleinen Sonnenkosmos" (I. 594).

Nachdem die Sonne sich aus dem kosmischen Raum
heraus entwickelt hatte, zog sie, wird uns gelehrt, ehe

die Bildung ringförmiger planetarischer Nebel ihr Ende
erreicht, alle kosmische Lebenskraft, die ihr erreichbar
war, in die Tiefen ihrer Masse hinein, so daß ihre
kleineren Brüder in Gefahr gerieten, von der Schwester
verschlungen zu werden, ehe die Gesetze der Anziehung
und Abstoßung in Kraft traten. Nachdem aber einmal
durch diese die zerstreuten Weltkörper in ein geordnetes
System gebracht waren, begann die Sonne den „Atem
der universellen Seele", den Aether auszuatmen, über
dessen Konstitution die moderne Wissenschaft sich noch in
ziemlicher Unwissenheit befindet. Aehnliche an den Vorgang
des Atmens erinnernde Gedanken wurden übrigens auch
von zeitgenössischen Gelehrten geäußert bei Erörterung
der Frage, wie die Sonne geheizt wird, oder des Problems
der Erhaltung der Energie unserer Sonne. So u. a.
von W. Matthieu Williams, welcher die Vermutung aus-
sprach, daß der Aether, der die Wärmestrahlen des
Universums in sich aufgenommen hat, in die Tiefe der
Sonnenmasse hineingezogen wird und dann den dort
von früher her aufgesammelten, thermisch bereits aus-
genützten Aether verdrängt und wieder austreibt. Der
neu eingetretene wird komprimiert, gibt seine Wärme
ab und wird, wenn abgekühlt, wieder hinausgetrieben,
um sich von den Sonnen des Universums eine frische
Wärmezufuhr zu verschaffen.

Dies ist eine der Lehre des Okkultismus sehr nahe-
stehende moderne wissenschaftliche Theorie. Der Okkultismus
teilt übrigens nicht die Vorstellung der Sonne als die
einer brennenden Kugel, sondern definiert dieselbe vielmehr

als eine glühende Kugel, die die wirkliche Sonne, welche dahinter verborgen ist, umgibt und reflektiert.

„Die wirkliche Sonne ist gewissermaßen die Vorrats-kammer unseres kleinen Kosmos. Sie erzeugt ihr vitales Fluidum selbst; die sichtbare Sonne dagegen ist gewisser-maßen nur ein Fenster, das getreulich reflektiert, was dahinter vorgeht. Auf diese Weise zirkuliert das vitale Fluidum durch unser ganzes System, dessen Herz die Sonne bildet, gerade wie das Blut im Körper des Menschen, während einer manvantarischen Sonnenperiode; die Sonne zieht sich dabei ebenso rhythmisch zusammen, wie dies beim menschlichen Herzen der Fall ist. Statt der Umlaufs-dauer von einer Sekunde etwa gebraucht das Lebens-fluidum der Sonne elf Jahre zu seinem Umlauf, und davon ein ganzes Jahr zu seinem Durchgang durch die Aurikeln und Ventrikeln, ehe es in die Lungen und von da in die großen Blutadern und Arterien gelangt. Dies wird die Wissenschaft nicht bestreiten, da die Astronomie von einem Zyklus von elf Jahren spricht, in welcher die Zahl der Sonnenflecken zunimmt — eine Folge der Zusammenziehung des Herzens der Sonne (I. 541).

Was den Mond anlangt, so wird derselbe von den Okkultisten wie von den Gelehrten begriffsmäßig als toter Körper angesehen; allein abgesehen davon ist er die Mutter und nicht das Kind der Erde. Diese letztere ist in Wirklichkeit der Satellit des Mondes und dessen Kontrolle unterworfen, was sich in Ebbe und Flut, im Pflanzenwuchs, manchen periodisch auftretenden Krank-heiten und vielen andern physiologischen Phänomenen kund gibt. Der Einfluß der Erde dagegen auf den

Mond beschränkt sich auf die physische Attraktion, welche den Mond zur Drehung um die Erde herum zwingt, wie eine Mutter um die Wiege ihres Kindes herumkreist (I. 180). Der Mond war der erste Zeitmesser, und die Astronomie der Hebräer und deren Zeitmessung hatte die Bewegung des Mondes zur Basis (II. 75). In allen alten Mythologien war er die große Mutter alles Existierenden, die Sonne der Vater und die Erde die Amme (II. 462).

Die Darstellung der Entwickelung, wie sie von Sinnett in seinem „Geheim-Buddhismus" in etwas flüchtiger und fehlerhafter Weise gegeben wurde, weicht in manchen Dingen von der nachfolgenden mehr esoterischen „Geheim-lehre" ab. So führt Sinnett die Erde als ein Glied einer Kette von sieben Planeten, gebildet von den Haupt-planeten unseres Sonnen-Systems, auf. Nach der „Geheimlehre" dagegen besitzt jeder Planet seine besondere Kette von sieben „Kugeln" (Aggregatzuständen der Materie) verschiedener Dichte, verschiedener Beschaffenheit, die durch drei Grade hindurch an Dichte zunehmen, im vierten Grade das Maximum der Dichte, d. h. einen Zustand der Materie erreichen, wie ihn gegenwärtig unsere Erde aufweist, um dann in den drei übrig bleibenden Graden allmählich wieder zum Zustand geringster Dichte (der Geistigkeit) zurückzukehren. Unsere physischen Augen können natürlich nur Dinge, die auf physischer Ebene liegen, wahrnehmen; Fixsterne und Planeten müssen deshalb, wenn sie den Bewohnern der Erde sichtbar sind, auf derselben Daseinsebene wie diese selbst sich befinden und dürfen weder einer höheren noch einer

2*

niedrigeren Daseinsstufe angehören. Es ist unmöglich, daß
irgend einer der sichtbaren Planeten, wie Mars oder
Merkur, auf einer höheren oder niedrigeren Ebene als die
unserer Erde liegt (I. 164). Und der gleichzeitigen
Existenz dieser sieben Aggregatzustände der Materie,
entsprechend den sieben Ebenen des Bewußtseins zur
Wahrnehmung aller dieser Zustände, steht nichts im Wege,
wenn wir uns nur vorstellen, daß jedesmal die mehr
materielle Substanz von der mehr ätherischen durchdrungen
wird.

Die fundamentalen physischen Zustände, welche die
Materie in den Weltkörpern in allmählicher Umbildung
durchläuft, sind nach der Geheimlehre die folgenden sieben:

1. Der homogene Zustand.

2. Der luftförmige, gasige Zustand.

3. Der nebelartige Zustand.

4. Der atomistische Zustand (Beginn der Bewegung
folglich der Differenzierung).

5. Der differenzierte keimartige Zustand (es existieren
erst die Keime der uns bekannten Elemente).

6. Der dampfförmige Zustand (Beginn unserer
Elemente).

7. Der kalte, feste Zustand (abhängig von der
Sonne inbezug auf Licht und Leben).

Damit wäre in Kürze die Nebulartheorie des
Okkultismus gekennzeichnet (1. 205).

Dieses ist, in groben Strichen gezeichnet, der Boden
für die Entwickelung des Menschen. Ueber dessen Zweck
belehrt uns das oft zitierte Wort des Patanjali: „Das
Universum existiert, damit die Seele Erfahrungen sammeln

und sich selbst befreien kann." Und wie der Mensch
nach der populären Einteilung aus Körper, Seele und
Geist besteht, so muß auch der Prozeß seiner Evolution
notwendig ein dreifacher, ein physischer, intellektueller
und geistiger sein. Denn es leuchtet ein, daß nur durch
die Vereinigung mit einer physischen Basis absolutes
Bewußtsein sich spalten, sich differenzieren kann in Selbstbewußtsein, in das Bewußtsein des „Ich bin ich", und
daraus folgt die Notwendigkeit dessen, was man den
„Zyklus der Notwendigkeit" nennt, der Inkarnation, der
Wanderung jeder Seele, jedes Funkens der universellen
Weltseele durch den Prozeß der Involution und Evolution
hindurch und zurück zu seinem göttlichen Ursprung.
Denn keine Seele kann — werden wir gelehrt — bewußte,
d. h. individuelle Existenz erlangen, bevor sie nicht durch
alle Stufen solch eines Zyklus hindurchgegangen, bevor
sie nicht diese Individualität zuerst durch natürlichen
Impuls, dann durch eigene Anstrengungen, die sie sich
selbst auferlegt und die die Früchte eigenen Nachdenkens
sind, erreicht hat. Ebenso erhebt sich die Rebe, über
den Boden wachsend, zuerst durch den Impuls, den ihr
die Kraft ihres Keims verleiht, und dann durch das
beständige Bestreben ihrer Ranken, sich nach höheren
und immer höheren Punkten hinaufzuwinden. So muß
auch das individuelle Bewußtsein alle Grade der Entwickelung durchlaufen, von dem noch ganz latenten
Bewußtsein des Minerals angefangen bis zur höchsten
Vision des Erzengels, und alles Fortschreiten, alles Erfolg-
Erreichen muß das Resultat sein eigener Anstrengungen.

Dem esoterischen Katechismus zufolge entsprechen

den Begriffen von Gott, Monade und Atom im Menschen
die von Geist, Intellekt und Körper (I. 619). Jedes
Atom wird eine zusammengesetzte Einheit, und einmal
angezogen zur Sphäre terrestrischer Tätigkeit, manifestiert
sich die monadische Essenz zuerst im Mineralreich, dann
im Pflanzenreich, hierauf im Tierreich, um schließlich
Mensch zu werden. Das Mineralreich ist der tiefste
Punkt der absteigenden Entwickelung oder Involution;
von da an beginnt das Aufsteigen auf den Stufen
terrestrischer Evolution „bis zu dem Punkt, in dem
menschliches und göttliches Bewußtsein zusammenfallen".

„Der Ozean der Materie" — werden wir gelehrt —
„teilt sich erst dann in Tropfen potentieller und konsti-
tuierender Energie, nachdem im Schwung des Lebens-
impulses die Entwickelungs-Stufe der Entstehung des
Menschen erreicht ist" (I. 178). Wie in allen Prozessen
der Natur, ist die Tendenz zur Absonderung in individuelle
Monaden eine allmähliche und wird bei den höheren
Tierklassen fast erreicht, während im Pflanzenreich nur
eine ganz unmerkliche Differenzierung gegen das individuelle
Bewußtsein hin stattfindet. Eine derartige Tendenz
beobachten wir z. B. in dem fortwährenden Streben
einer Weinranke nach einem seitlich befindlichen Stütz-
punkt hin, oder in der Richtung des Wachsens einer
Pappelwurzel nach dem Wasser eines entfernten Brunnens zu.

Die Monaden sind genau gesprochen homogene
Wesen geistiger Essenz, und atomistische Gruppierungen
bilden nur das Vehikel, durch welches sich verschiedene
Grade von Intelligenz äußern. Ein solcher Strahl der
universellen Intelligenz oder eine Monade durchläuft

nun sieben Ebenen. Zuerst passiert sie die drei Elementar-
reiche oder Entstehungszentren von Kräften, welche den
primären Nebularstufen in der Geschichte unserer Erde
entsprechen, dann das Mineralreich, den Wendepunkt in
der Evolution des Bewußtseins, wo es sich noch im
latenten Zustand und seine Umhüllung im Zustand
größter Dichte, auf der materiellsten Stufe befindet; dann
die drei Stufen „organischen" Lebens, des vegetabilischen,
animalischen und menschlichen (I. 176). „Die totale
Verdunklung des Geistes involviert die vollständige
Ausbildung seines Gegensatzes, der Materie," sagt die
Geheimlehre.

Wir haben oben gesehen, wie sich der Weltstoff
differenziert von seinem primären homogenen Zustand an
nach und nach in den gasigen, nebeligen, atomistischen,
keimartigen, dampfförmigen bis in den kalten und festen
unserer Erdkugel und wir werden nun weiter sehen, daß
der menschliche Embryo in seinem Fortschreiten in der
Richtung nach einem vollkommenen menschlichen Wesen
den Fußtapfen der Natur durch die unteren Lebens-
formen hindurch folgt. Nach der Uniformität des Gesetzes
würde daraus die Lehre hervorgehen, daß dieselbe Art
von Differenzierung in der Entwickelung der Rasse stattfindet und daß wir die Geschichte des Menschen nicht
beginnen dürfen mit dem Menschenwesen, so wie wir es
heute kennen. Außerdem lehrt uns der Okkultismus,
daß keinem Ding irgend eine Form gegeben werden
kann weder durch die Natur, noch durch den Menschen,
deren idealer Typus nicht auf der Ebene des Subjektiven
vorher schon besteht: d. h. kein Bildhauer kann eine

Statue bilden, kein Schreiner einen Kasten zimmern, es
sei denn, sie bilden die Statue oder den Kasten vorher
schon in Gedanken (II. 660). Denn alle Formen existierten
als Ideen seit Ewigkeit her und werden noch als Reflexe
existieren, wenn ihre materiellen Repräsentanten längst
dahingegangen sein werden. Niemals ist die Form eines
Menschen, eines Tieres, einer Pflanze, eines Minerals
geschaffen worden; immer haben dieselben auf unserer
Ebene angefangen, in die Stufe der Objektivität zu treten,
indem sie von innen nach außen expandierten, aus
sublimiertester, übersinnlicher Essenz zu grobstofflicher Erscheinung. Als astraler, ätherischer Prototyp existierte
unsere menschliche Form seit Ewigkeit (I. 282).

Die Sonne spendet dem Menschen Leben und wird
darum in der Symbolik des Ostens mit Recht sein Vater
genannt, während der Mond seine Mutter repräsentiert,
denn es sind die „Mond-Voreltern", denen er, wie uns
gelehrt wird, die astrale Form verdankt, in der sein
physischer Körper von seiner Amme, der Erde, aufgebaut
wird. Dieser astrale Prototyp wird aus einer molekularen
Materie gebildet, die allerdings zu ätherisch ist, um für
unsere normalen Sinne wahrnehmbar zu sein, und durchdringt die Materie unserer physischen Körper, wie ein
feiner Geruch die Luft durchdringt.

Und wie der im Boden zerfallene Samen durch
seine sich zersetzende Materie den Keim befruchtet für
eine neue Pflanze, so übertrug auch der Mond nach
Beendigung des Zyklus seiner eigenen Existenz — nach
dem Gesetz der Erhaltung der Kraft — sterbend seine
Energie einem neuen kosmischen Zentrum, aus dem unsere

Erde wurde. Die Erde lieferte dann dem Menschen
seinen physischen Körper, und der Mond, der sich in dem
großen Drama der Evolution auf der vorhergehenden
Entwickelungsstufe befindet, korrespondiert natürlich dem
Astralkörper, dessen Träger oder Vehikulum sozusagen
der physische Körper ist. Der Prozeß der Entwickelung
auf der Erde sowohl wie auf jedem Weltkörper verläuft
in sieben nacheinander folgenden Wellen von leben=
spendender Energie, welche man Runden zu nennen
übereingekommen ist. Während jeder dieser Runden oder
Stufen der Entwickelung bewohnen sieben Rassen mit
vielen Unterabteilungen die Welt; jede Rasse den Ver=
hältnissen ihrer Umgebung ganz speziell angepaßt. Die
menschliche Monade, welche einmal ihre Wanderung auf
der Erde begonnen, berührt nicht bloß ein einziges Mal
jede dieser Entwickelungs=Phasen, um dann zur nächst=
folgenden überzugehen, sondern hat in jeder Rasse durch
viele Inkarnationen hindurchzugehen, da die Entwickelung
der individuellen Seele ein langdauernder Prozeß ist.
Zwischen jeder individuellen Inkarnation und zwischen
jeder Runde oder Entwickelungswelle passiert das menschliche
Ego eine Periode subjektiver Existenz und vervollständigt
so die Analogie der kürzeren Zyklen Tag und Nacht
mit den längeren Leben und Tod. Viermal schon hat
sich diese Evolutionswelle über unsere Erde ergossen, und
vier große Rassen sind vorübergegangen. Die gegen=
wärtige Menschheit ist die fünfte Abteilung der fünften
Rasse, so daß wir den tiefsten Punkt der Versenkung in
die Materie bereits hinter uns haben und wieder auf=
wärts dem Geiste zu zu steigen beginnen.

Jede große Raſſe — lehrt man uns — hat ſich auf ihrem „Kontinent" oder während ihrer ſpeziellen Beſchaffenheit der Erdoberfläche entwickelt. Alle Angaben über die früheren Zuſtände auf der Erde in den Puranas oder ſonſtwo ſind ungemein verwirrend, weil ſie alle eine ſymboliſche Nebenbedeutung haben. Sie beziehen ſich nämlich nicht allein auf wirkliche Veränderungen der Erdoberfläche, ſondern auch auf Ebenen des Bewußtſeins.

Die okkulte Lehre bezeichnet die gegenwärtigen Polarregionen als die älteſte der ſieben Wiegen der Menſchheit und als das Maſſengrab der Bewohner jener Region während der dritten Raſſe, als der jetzt Lemuria genannte gigantiſche Kontinent ſich in kleinere Kontinente zu ſpalten begann (II. 324).

Derartige Veränderungen ſind, dem alten Kommentar zufolge, einer Neigung der Erdachſe und einer Abnahme der Rotationsgeſchwindigkeit zuzuſchreiben, welche das Untertauchen des nahe an den Polen gelegenen und das Auftauchen des gegen den Aequator zu gelegenen Landes verurſachen. „Denn die Erde" — ſagt der Kommentar in der ihm eigenen myſtiſchen Sprache — „iſt inbezug auf den Atem ihrer Gewäſſer dem Geiſt des Mondes unterworfen und wird durch ihn reguliert."

„In den erſten Anfängen menſchlichen Lebens" — fährt der Kommentar fort — „war trockenes Land nur am rechten Ende der Kugel (Nordpol), da wo dieſelbe bewegungslos iſt. Die ganze Erde war eine große Waſſerwüſte und die Waſſer waren lau. Dort auf den ſieben Zonen des unſterblichen, unzerſtörbaren Landes des Manvantara wurde der Menſch geboren" (II. 400).

Denn das Land oder die Insel, welche den Nordpol
wie ein Schädeldach krönt, ist das einzige, welches einen
ganzen Entwickelungszyklus (Manvantara) hindurch
niemals untergeht. Alle andern Länder dagegen versinken der Reihe nach oftmals in den Meeresboden; nur
jenes bleibt unverändert. „Ewiger Frühling herrschte
in der Finsternis; allein das, was für den Menschen von
heute Dunkelheit bedeutet, war Licht für den von ehedem."

Wenn also die Lehre richtig verstanden wird, so
bedeckte der erste ins Dasein getretene Kontinent die
Nordpolarregion, die bis auf diesen Tag, eingeschlossen
von einen unübersteigbaren Wall von Eis, eine Gegend
geblieben ist, deren Erforschung der Traum so vieler
Entdecker gewesen (II. 401).

Was den zweiten Kontinent anlangt, d. h. also
den zweiten von der Urmenschheit bewohnten Teil der
Oberfläche der Erde, so werden wir gelehrt, daß die
Erde selbst erst in der Mitte der dritten Rasse die feste
Gestalt, wie wir sie jetzt kennen, bekam, daß sie sich also
in einem relativ ätherischen Zustand befand, ehe sie den
gefesteten erreichte, und daß solche Dinge, wie Korallen
und Muscheln, bis zu der bezeichneten Periode in einem
halb ätherischen Zustand sich befanden. Der zweite
Kontinent also wurde der hyperboräische genannt
und umfaßte das ganze heutige nördliche Asien (II. 7).

Es war dies ein Land, das in jener Frühzeit keinen
Winter kannte. „Nächtliche Schatten fallen niemals
darauf," — sagten die prähomerischen Griechen von ihm
— „denn es ist der Lieblingswohnort Apolls, der es
alljährlich besucht." Und die Naturforscher stimmen alle

darin überein, daß während der Myocänperiode — ob
diese freilich vor 1 oder 10 Millionen Jahren stattfand,
darüber herrscht bei ihnen Ungewißheit — Grönland
und selbst Spitzbergen, die Ueberreste unseres zweiten oder
hyperboräischen Kontinents, ein beinahe tropisches Klima
hatten (II. 11). Dort tummelte sich der Elefant, dort
blühte die Magnolie, und die prähomerischen Griechen
nannten es das Land der ewigen Sonne.

Während der zweiten Rasse tauchte mehr Land
aus den Gewässern auf (II. 401). Auf beiden Hemi=
sphären beginnend, oberhalb des nördlichsten Teils von
Spitzbergen (da, wo die geographische Breite = 90⁰ ist,
an der „Stelle ohne Breite", wie die Stanzen sagen)
wird das Land, von dem wir sprechen, auf amerikanischer
Seite die Gegenden der heutigen Baffins=Bay und der
benachbarten Inseln und Vorgebirge umschlossen haben.
Südlich reichte es wohl kaum bis zum 70. Breitegrad.
Es bildete auf englischer Seite einen hufeisenförmigen
Kontinent, dessen zwei Schenkel einerseits mit Grönland,
andererseits mit der heutigen Halbinsel Kamtschatka
abschlossen, verbunden durch die an der heutigen Nord=
küste von Ost= und Westsibirien gelegenen Gegenden
unserer Erde. Dieser Kontinent brach zusammen und
verschwand.

Für den dritten Kontinent wurde der Name Lemuria
vorgeschlagen, nach L. Sclaters Idee, welcher zwischen
1850 und 1860, auf zoologische Gründe gestützt, die
prähistorische Existenz eines Kontinents behauptete, der
sich *von Madagaskar bis nach Ceylon und Sumatra*
ausdehnte und einige Teile des heutigen Afrika in sich

schloß (II. 7). Nach der Geheimlehre bedeckte dieser
Kontinent die ganze Fläche vom Fuß des Himalaya,
welcher damals das Ufer eines Binnensees bildete, der
sich über das heutige Tibet, die Mongolei und die große
Wüste von Gobi erstreckte; er bedeckte ferner den ganzen
Raum von Chittagong westwärts bis Hardwar und
ostwärts bis Assam. Von hier aus dehnte er sich süd-
wärts gegen das heutige südliche Indien, Ceylon und
Sumatra; umschloß dann in der Richtung nach Süden
rechts Madagaskar, links Australien und Tasmanien
und ging bis in die antarktische Region hinab. Von
Australien, das damals ein Binnenland war, erstreckte
er sich noch über den heutigen Stillen Ozean bis zur
heutigen Osterinsel (unterm 26.⁰ s. B. und 110.⁰ w. L,)
(II. 324).

Diese Osterinsel gehört der frühesten Zivilisation
der dritten Rasse an. Mit dem übrigen Teil unter-
gegangen, tauchte dieses kleine Ueberbleibsel des archaischen
Zeitalters durch plötzliche vulkanische Erhebung des
Ozeangrundes wieder empor mitsamt seinem Vulkan und
seinen wunderbaren gigantischen Statuen, während der
Champlaineepoche der nördlichen Polarsubmersion (Unter-
tauchung) als stehengebliebener Zeuge der Existenz von
Lemuria. Es wird behauptet, einige der australischen
Stämme seien die letzten Ueberreste der letzten Abkömmlinge
der dritten Rasse (II. 327), eine Theorie, die sogar Haeckel
vertritt, welcher, bei Besprechung der braunen Rasse
Blumenbachs oder der malaiischen, der Australier und
der Papuas, die Anmerkung machte: „Es besteht eine
so große Aehnlichkeit zwischen diesen letzteren und den

Urbewohnern von Polynesien, jener australischen Insel-
welt, daß in der Urzeit hier ein einziger großer Kontinent
bestanden zu haben scheint."

Es muß daran erinnert werden, daß Lemuria nicht
nur einen großen Teil des Stillen und des Indischen
Ozeans umschloß, sondern sich in Hufeisenform rund um
Südafrika — ein Kontinent, der damals erst im Bildungsprozeß begriffen und nur fragmentarisch existierte —
durch den Atlantischen Ozean hindurch bis nach Norwegen
erstreckte. Der atlantische Teil von Lemuria wurde dann
später zur geologischen Basis für den vierten Kontinent
Atlantis, welcher tatsächlich richtiger als eine Verlängerung
des älteren Kontinents denn als eine ganz neu entstandene
Ländermasse aufzufassen ist. Denn das Gesetz der
ununterbrochenen Kontinuität in den Prozessen der Natur
gilt selbstredend universell, und bei Kontinenten sowohl
wie bei Rassen ist der Uebergang zu einer neuen Ordnung
gewöhnlich ein allmählicher. Gewaltsame Ueberflutungen
aber und kolossale Erdbeben sind in den Annalen der
meisten Nationen, wenn nicht aller, verzeichnet. Das
Sicherheben und Sinken von Kontinenten schreitet beständig
vorwärts. Huxley hat bewiesen, daß die britischen Inseln
schon viermal unter den Ozean untergetaucht waren
und sich immer wieder erhoben und bevölkerten. Der
Norden von Europa erhebt sich fortwährend, während
die Küste von Grönland in rapidem Sinken begriffen ist.
Warum könnten nicht an die Stelle dieser allmählichen
Veränderung in längst vergangenen Epochen plötzliche
Ueberflutungen getreten sein? Kommen doch derartige
Ueberflutungen in geringerem Grad auch heutzutage vor?

So z. B. 1884 bei einer der Sundainseln mit einer Be-
völkerung von 80000 Malaien (II. 787).

Die Ueberflutung von Lemuria soll infolge einer
Reihe von unterirdischen Erschütterungen und von dem
durch „inneres Feuer" verursachten Bersten des Ozeangrundes aufgetreten sein, nach der Sage 700000 Jahre
vor Beginn der Tertiärformation, des Eocäns (II. 313).

Denn ebenso wie die Entwicklung der ersten Rasse
an sieben weit voneinander getrennten arktischen Polarregionen — dem einzigen damals dort existierenden
Lande — vor sich ging, begann die schließliche Bildung
der dritten Rasse in der Gegend der Behringstraße,
während das Klima damals selbst in den arktischen
Regionen ein halbtropisches und den primitiven Be-
dürfnissen des entstehenden physischen Menschen ent-
sprechendes war. Der Kommentar sagt uns, daß die
dritte Rasse erst ungefähr die mittlere Entwickelungshöhe
erreicht hatte, als „sich die Radachse neigte. Sonne und
Mond schienen nicht mehr auf die Köpfe jener Schweiß-
geborenen[1]) herab, man lernte Schnee, Eis und Frost
kennen, und Mensch, Tier und Pflanze verkümmerten im
Wuchs . . . . . Dies war die dritte Pralaya der Rassen."

„Unser Planet ist sieben periodischen Totalumwälzungen
unterworfen, pari passu mit dem Auftreten neuer Rassen;
sieben terrestrische Pralayas oder Perioden der Zerstörung
während dieser Runde — diesem Evolutionszyklus —
von denen drei durch eine Neigung der Erdachse herbeigeführt wurden. Im Okkultismus wird dieses unerbittliche
Gesetz dem „großen Regulator (adjuster) zugeschrieben".

---

[1]) Ueber die Schweiß-Geborenen siehe Kapitel II.

„Solche axiale Störungen haben während der gegenwärtigen Runde schon viermal stattgefunden; sobald die alten Kontinente — mit Ausnahme des ersten — von den Ozeanen verschlungen waren, erschienen neue Länder, und mächtige Gebirgsketten erhoben sich da, wo vorher nichts derartiges gewesen. Jedesmal wurde das Bild unseres Planeten total verändert; das Ueberleben der tauglichsten Nationen und Rassen wurde durch zeitige Hilfe gesichert und die untauglichen, die fehlerhaften von der Erde weggefegt . . . ."

In jedem siderischen Jahr (d. h. alle 25858 Sonnenjahre) weichen die Wendekreise, bei jedem Umlauf der Knotenpunkte, um vier Grade vom Pol zurück, d. h. macht die Erdachse eine Schwankung von 4⁰.

Nun liegt, wie jeder Astronom weiß, gegenwärtig der Wendekreis etwa $23\frac{1}{2}^0$ vom Aequator entfernt; es sind also noch $2\frac{1}{2}^0$ bis zum Ende eines siderischen Jahres zu durchlaufen, so daß die Menschheit im allgemeinen, und die zivilisierten Rassen im besonderen noch eine Frist von 16000 Jahren bis zum Ende eines siderischen Jahres vor sich hätten (II. 330).

Der vierte Kontinent, den man Atlantis zu taufen übereingekommen ist, bildete sich durch Vereinigung vieler Inseln und Halbinseln, die im Laufe der Zeit emporgehoben wurden, und wurde schließlich das eigentliche Heim jener großen Rasse der Atlanter, „einer Rasse, die sich — kurz gesagt — aus einem Kern von Bewohnern des nördlichen Lemuriens, einer Gegend der Erde, die heute mitten im Atlantischen Ozean liegt, gebildet haben mag" (II. 334).

Inbezug auf den Kontinent Atlantis müssen wir im Auge behalten, daß die von den alten griechischen Schriftstellern auf uns überkommenen Berichte nur Verwirrung anrichten, da die einen darunter den großen Kontinent, die andern nur die letzte kleine Insel des Poseidon verstehen (II. 767). Plato z. B. verflocht die Geschichte von Atlantis, welche sich über einen Zeitraum von einigen Millionen Jahren erstrecken sollte, mit einem Ereignis, das er auf der Insel des Poseidon, welche etwa die Größe von Irland gehabt haben mag, spielen ließ, während hingegen die Priester von Atlantis sprachen als von einem Kontinent, so groß wie Asien und Lybien zusammengenommen (II. 761). Homer spricht von den Atlantern und ihrer Insel, und die Atlanter und Atlantiden der Mythologie fußen auf den Atlantern und Atlantiden der Geschichte. Die Geschichte des Atlas liefert uns hierzu den Schlüssel. „Unter Atlas sind die beiden Kontinente Lemuria und Atlantis kombiniert zu verstehen, symbolisch als Person aufgefaßt. Die Dichter verliehen Atlas, ebenso wie Prometheus, das Attribut höherer Weisheit, universellen Wissens und speziell gründlichsten Vertrautseins mit den Tiefen des Ozeans, weil auf beiden Kontinenten Rassen lebten, die von göttlichen Meistern instruiert wurden, und weil beide auf den Boden des Meeres versetzt wurden, wo sie nun schlummern, bis ihre Zeit kommt, wieder aufzusteigen über die Oberfläche des Wassers . . . . . Und da Lemuria von submarinen Feuern zerstört und Atlantis, von den Wellen überflutet, in den Tiefen des Ozeans versank, so lautet die Sage, Atlas sei gezwungen worden, die Oberfläche der Erde zu verlassen und sich mit seinem Bruder Japetos in den Tiefen des Tartarus zu vereinigen" (II. 762). Atlas personifiziert demnach hier einen Kontinent, und diese allegorische Person trägt Himmel und Erde gleich- zeitig. „Das Atlasgebirge und der Peak von Teneriffa, beides verkümmerte Reste der zwei untergegangenen Kontinente, waren in der Epoche Lemurias dreimal und in der von Atlantis zweimal so hoch als heutzutage. In den Tagen von Lemuria, ehe der afrikanische Kon- tinent sich erhoben hatte, war der Atlas ein unersteigbares Inselgebirge. Poseidonis, die letzte Insel von Atlantis, währte bis etwa vor 12000 Jahren.

„In der Eocänperiode — zitiert Mrs. Sinnet aus dem Brief eines Meisters — sogar in deren frühesten Anfängen hatte der große Zyklus der Menschheit der vierten Rasse, der Atlanter, bereits seinen Höhepunkt erreicht, und der große Kontinent, der Vater fast aller jetzigen Kontinente, zeigte bereits die ersten Symptome des Sinkens, ein Prozeß, der bis vor 11446 Jahren sich fortsetzte, dem Zeitpunkte, in dem dessen letzte Insel (die wir mit Uebersetzung des ursprünglichen Namen wohl am besten Poseidonis nennen) krachend versank." (Siehe Sinnets Geheim-Buddhismus S. 106.)

„Lemuria darf ebensowenig mit Atlantis verwechselt werden, wie Europa mit Amerika. Beide sanken und gingen unter mit einer hoch entwickelten Zivilisation, mit ihren Göttern; jedoch zwischen beiden Katastrophen liegt ein Zeitraum von nicht weniger als — 700000 Jahren. .... Warum sollten unsere Gelehrten nicht auf den Gedanken kommen, daß unter den Kontinenten, die sie erforschen und ergründen, in deren Innern sie die Eocänperiode entdeckt haben, in der Tiefe des unergründeten Ozeanbodens noch andere und viel ältere Kontinente sich verbergen, deren geologische Schichten noch niemals erforscht, und die sie eines Tages zum Aufgeben ihrer heutigen Theorie zwingen werden?"

„Inbezug auf frühere Zivilisationen werden wir gelehrt, daß die Zivilisationen der Griechen und Römer und selbst diejenigen der Aegypter nichts seien im Vergleich mit denjenigen, die mit der dritten Rasse begannen . . . . . Es wird behauptet, daß eine Reihe von Zivilisationen sowohl vor als nach der Eisperiode existierte."

„Auf der von Nordenskiöld mit der Vega im arktischen Ozean entdeckten Gruppe von Inseln fanden sich fossile Pferde, Schafe, Ochsen usw. unter gigantischen Gerippen von Tieren, die Perioden angehören, in denen nach der Lehre der Wissenschaft der Mensch auf der Erde noch gar nicht existiert haben soll. Wie kommen denn diese Pferde und Schafe in die Gesellschaft antediluvianischer Riesengeschöpfe? fragt ein Meister in einem Briefe. (Sinnets Geheim-Buddhismus S. 67.) Die Geheimbücher geben darauf die Antwort, daß das Klima in jenen Regionen mehr als einmal gewechselt habe, seit die ersten Menschen diese jetzt beinahe unzugänglichen Breiten bewohnten. Im Mythos von Phaëton wird erzählt, daß bei seinem Tode seine Schwestern heiße Tränen vergossen, welche in den Eridanus herabfielen und sich in Ambra (Bernstein) verwandelten. Nun findet sich Ambra aber nur in den nordischen Meeren, im baltischen Meere z. B. (der Eridanus kann also mit dem

Po nicht identisch sein, wie gewöhnlich angenommen wird).
Der Mythos von dem mit dem Tode kämpfenden Phaëton,
wie er den erkalteten Sternen der nördlichen Regionen
Wärme bringt, am Pol den vor Kälte erstarrten Drachen
erweckt und endlich in den Eridanus geschleudert wird,
spielt in allegorischer Form direkt auf den in jenen weit
zurückliegenden Zeiten eingetretenen Klimawechsel an,
welcher die Polarregionen aus einer kalten Zone in
eine solche mit gemäßigtem warmen Klima umwandelte.
Phaëtons, des Usurpators der Verrichtungen der Sonne,
Sturz in den Eridanus infolge Jupiters Donnerkeil ist
eine Anspielung auf den zweiten Klimawechsel, der in
jenen Regionen stattfand, als dieses Land, auf dem einst
die Magnolie geblüht, sich in eine verödete Region ewigen
Eises verwandelte. Diese Allegorie schließt demnach die
Vorgänge während zweier Pralayas (Perioden der Ruhe
des Absoluten) in sich und ist richtig verstanden ein
Beweis für das außerordentliche Alter der menschlichen
Rassen" (II. 770).

„In dem Mythos von den drei von Kronos in
einem dunkeln Land festgehaltenen Riesen sieht der esoterische
Kommentar drei Polarländer, die zu wiederholten Malen
bei jeder neuen Ueberflutung oder Verschwinden eines
Kontinents, um einem andern Platz zu machen, ihre
Gestalt veränderten . . . . . Allein wenn auch hierbei
jedesmal die ganze Oberfläche ein anderes Aussehen
bekam, die arktische und antarktische Region wurde von
dieser Umgestaltung wenig berührt . . . . . Die Kontinente
gehen auf mehrfache Weise zugrunde: einmal durch
Feuer, ein anderes Mal durch Wasser; entweder durch

Erdbeben und vulkanische Ausbrüche oder durch Versinken und die großen Verheerungen des Wassers. Unsere gegenwärtigen Kontinente werden den Fluten zum Opfer fallen" (II. 776).

Dies sind, in Kürze zusammengefaßt, die Lehren der Geheimlehre bezüglich der Entstehung und Vorbereitung der Erde zu einer Stätte für die Entwickelung des Menschen. Bei dieser kurz gedrängten Darstellung mußten die Lehren der wissenschaftlichen Autoritäten über denselben Gegenstand leider unerörtert bleiben, so lehrreich auch für den Leser eine solche Nebeneinanderstellung wäre, die nachzuholen nicht dringend genug empfohlen werden kann. Der Leser möge eingedenk sein, „daß heutzutage mancher Kenner der griechischen Mythologie zur Ueber- zeugung neigt, daß Hesiods Theogonie sich auf historische Vorgänge stützt .... und daß die in Symbolen auf- tretenden esoterischen mythologischen Darstellungen weiter nichts sind als Wegweiser, die zu prähistorischen Tat- sachen hinführen" (II. 777).

Kapitel II.

Die Entwickelung der menschlichen Rassen.

Im vorigen Kapitel haben wir die Entstehung und Vorbereitung der Erde als Feld der Entwickelung des Menschen gezeichnet. Wir gelangen jetzt zu der Aufgabe, die Lehren der Geheimlehre von den verschiedenen Rassen darzustellen, welche während des gegenwärtigen Manvantara, während des gegenwärtigen Evolutions-Zyklus, dieses Feld bewohnt haben, bewohnen und bewohnen werden.

Die Schätzungen der Wissenschaft inbezug auf das Alter der Erde, seit der Zeit, wo sie die Möglichkeit zur Entstehung und zur Wohnstätte des Menschen bot, divergieren so stark, daß sie praktisch wertlos sind. Nach Professor Winchells vergleichender Geologie z. B. gehen diese Angaben etwa um 27 Millionen Jahre auseinander. Die Geheimlehre dagegen gibt an, die Menschheit existiere auf diesem Planeten schon seit 18 Millionen Jahren, und vor diesem Zeitraum liege eine Periode von 300 Millionen Jahren, in welcher sich das Mineral- und Pflanzenreich entwickelt habe. Sie lehrt ferner, daß der gegenwärtige Evolutions-Zyklus, die gegenwärtige Runde die vierte sei, die Mittelperiode des unserem Planeten zugefallenen Lebens, die Periode der stärksten Entwickelung und deshalb der größten Flutzerstörungen,

die während dieser Runde, da die Materie in derselben
weniger flüchtig und deshalb umso mehr Widerständen
preisgegeben ist, weit intensiver und schrecklicher waren
als während der vorhergegangenen Runden, während
der Zyklen früheren pfychischen und geistigen Lebens
auf der Erde und während deren halbätherischen Zu=
standes. Der ganze Streit zwischen der profanen (offiziellen)
Wissenschaft und den okkulten (esoterischen) Wissenschaften
hängt von dem Glauben oder besser von dem Nachweis
der Existenz eines Astralkörpers innerhalb des
physischen ab, wobei der erstere unabhängig vom
letzteren war. Warum aber die Gelehrten die Theorie
eines früheren ätherischen Zustandes der Erde annehmen
und die eines früheren ätherischen Menschen abweisen,
ist schwer einzusehen. „Analogie", sagt H. P. B., „ist
das leitende Gesetz in der Natur und der einzig wahre
Ariadne=Faden, der uns durch die verworrenen Pfade
ihres Reiches führt, uns ihre ersten und letzten Mysterien
erschließt . . . . Wenn wir begreifen können, wie ein
feurig=nebeliger Ball, indem er während Aeonen durch
die Interstellarräume dahinrollt, allmählich zum Planeten,
zur selbstleuchtenden Kugel wird, um sich dann zu einer
menschengebärenden Welt, zu einer Erde, zu verdichten
und sich so aus einem zarten plastischen Körper in eine
felsenharte Kugel zu verwandeln (II. 153), und wenn
wir sehen, wie jedes Ding darauf sich aus einem Moneron,
einem einzigen, homogenen Klümpchen Eiweiß zu einer
tierischen Gestalt entwickelt, um dann in die gigantischen
Reptilien der mesozoischen Zeiten (der Trias=Jura=Kreide=
formation) auszuwachsen, später aber wieder in die

vergleichsweise winzigen Krokodile unserer Tropen und die noch kleineren Eidechsen zusammenzuschwinden, warum sollte dann der Mensch allein diesem allgemeinen Gesetz nicht unterliegen?"

Es gab eine Zeit, in welcher alle sogenannten „antediluvianischen" Monstra als faserige Infusorien ohne Schale oder Kruste erschienen, ohne Nerven, Muskeln, Geschlechtsorgane, und ihre Art durch den Prozeß des Keimens fortsetzen. Warum soll dies beim Menschen nicht auch möglich gewesen sein? (II. 151.)

Die Zahl von 18 Millionen Jahren, welche die Dauer der geschlechtlich entwickelten physischen Menschen angibt, muß ganz enorm vergrößert werden, wenn man den ganzen Vorgang der geistigen, astralen und physischen Entwickelung berücksichtigt (II. 157). Auch würden die früheren Verhältnisse auf der Erde dieser Theorie nicht widerstreiten, insofern als deren Kohlengase und deren dampfender Boden keinerlei schädliche Wirkung auf Leben und Organismus des Menschen haben konnte, wie solche von den Okkultisten der Menschheit jener Frühzeit zugeschrieben werden (II. 150), da die damaligen terrestrischen Verhältnisse die Ebene, auf der die Entwickelung der ätherischen Rassen stattfand, in keiner Weise berührten. Erst während relativ junger geologischer Perioden brachte der nach dem Gesetz der Spirallinie verlaufende Entwickelungszyklus die Menschheit auf den untersten Grad physischer Entwickelung: auf die Ebene grobstofflicher Existenz. In jener Frühzeit aber war einzig nur die astrale Entwickelung im Fortschreiten begriffen, und die beiden Ebenen, die astrale und die physische, hatten, ob-

wohl sie sich einander parallel entwickelten, keine direkte
Berührung miteinander. Es liegt auf der Hand, daß
ein schattenhafter, ätherischer Mensch vermöge seiner
Organisation — wenn von einer solchen die Rede sein
kann — nur zu derjenigen Ebene in Beziehung tritt,
von der der Stoff dieser Organisation — sein Upadhi
— genommen ist. Und es muß im Auge behalten werden
daß, obwohl die astrale und die physische Ebene der
Materie selbst in der frühesten geologischen Periode einander parallel laufen, diese Ebenen doch nicht in derselben
Phase der Manifestation waren, in der sie heute sind
(II. 157). Bis vor 18 Millionen Jahren erreichte die
Erde nicht denjenigen Grad von Dichte, den sie heute
besitzt. Seit jener Zeit ist dann die physische wie die
astrale Erde dichter geworden.

„In jeder alten Schrift über Kosmogonie", sagt
die Geheimlehre, „wird der Mensch ursprünglich als eine
leuchtende unkörperliche Form dargestellt", die, wie der
plastische Ton das eiserne Gerippe des Bildhauers, den
physischen Bau seines Körpers umschloß, entsprechend
den niederen Formen und Typen des niederen animalischen Lebens. „Als Adam den Garten von Eden be-
wohnte, ward er bekleidet mit einem himmlischen Gewand,
dem Gewand des Himmelslichts," sagt der Zohar (II. 112).

Der „Lucifer"[1]) vom März 1892 enthielt einen
vorzüglichen Artikel von Dr. Herbert Coryn, betitelt:
„Die ewige Zelle", welcher über manche dieser Lehren

---

[1]) Gemeint ist der von H. P. Blavatsky begründete englische
„Lucifer", der heute unter dem Titel „Theosophical Review" erscheint.

Licht verbreitet und den Beweis liefert, wie die neuere Wissenschaft den Lehren des Okkultismus immer näher rückt. In jenem Artikel erklärt Dr. Coryn Weismanns Theorie der unsterblichen Zelle, des ursprünglichen Protoplasmaklümpchens, welches nicht stirbt, sondern einfach sich teilt und wieder teilt, beständig dem Strom des Lebens entlang sich bewegend, immer wieder neue Verbindungen eingeht, aber niemals untergeht. „Darwin studierte die Form," sagt er, „den sinnenfälligen Körper des Tieres, in dem Gedanken, daß er das, was dieser erwirbt, auf seine Nachkommenschaft überträgt. Weis- mann dagegen studiert den Plasma-Faden in der An- nahme, daß die Plasma-Zellen während ihres Wachs- tums das in sich aufgenommene und vitalisierte Material wieder von sich abwerfen und daß dieses Abwerfen er- folgt, damit ein körperlicher Organismus um die herum entsteht, dessen Zellen ein Typus mit eigenem Wirkungs- vermögen entsprechend dem Urtypus aufgeprägt wird." Die Linie der physischen Entwickelung wird demnach gebildet „durch das bei Mensch und Tier von Eltern auf die Nachkommen übergehende Keim-Plasma. Die- selben physischen Atome passieren längs dieser Linie; diejenigen, welche heute die Keimzellen in uns sind, sind Keimzellen einer unermeßlichen Vergangenheit, Zellen, die einander angereiht, umeinander geschlungen aus jeder Lebensorganisation in der Natur Erfahrung ge- sammelt haben."

Dr. Coryn zeichnet nun die aufsteigende Leiter im Tierreich vom Protozoon bis zum Katarrhini-Affen und fordert dann auf, sich den großen Baum des Lebens

mit seinen zahllosen Aesten und Zweigen zu vergegen-
wärtigen. Wir können davon nur die äußeren Aeste
und Zweige sehen und studieren; der Hauptstamm und
seine ersten großen Abzweigungen verlieren sich unsern
Blicken in den Nebeln der Vergangenheit und bleiben
nur zurück als astrale Fossilien. „Denn“, — sagt
Dr. Coryn, — „wenn wir weit genug zurückdringen, so
gelangen wir jenseits der Wissenschaft zu einem
Typus, zu welchem für diese kein Pfad führt, da alle
Materie sich damals in einem ganz „unwissenschaftlichen“,
plastischen astralen Zustand befand“ (II. 68. Note).

Die Fossilien dieser primitiven Typen bleiben aber
in der Ebene des Astralen, sind also nur für das Seh-
vermögen des ins Astrale schauenden Hellsehers vorhanden. Allein es kann nicht oft genug wiederholt
werden, daß selbst die esoterische Lehre und noch vielmehr die exoterische allegorisch zu nehmen ist (II. 81).
Um die eine wie die andere dem Durchschnittsverstande
begreiflich zu machen, sind in verständliche Form ge-
kleidete Symbole unerläßlich. Daher die vielen Ausdrücke
und Formeln, die den Juden Steine des Anstoßes, den
Griechen Torheiten erschienen. Für diejenigen aber, die
imstande sind, ein Symbol auch als ein solches aufzufassen
und nicht als streng wörtlich zu nehmende Tatsache,
gewinnt diese Darstellung wirkliches Leben.

Beim Studium der Entwickelung des Menschen als
eines denkenden Wesens ist nach der Geheimlehre der
erste Schritt das wichtige Verständnis des Unterschiedes
zwischen der Monade oder der universellen Einheit und
den Monaden oder der manifestierten Einheit. Das

Wort Monas bedeutet dabei die primäre Einheit. Die Monaden sind nicht diskrete, begrenzte oder bedingte Prinzipien, sondern Strahlen, ausgehend von jenem einen universellen absoluten Prinzip, der soeben angeführten „universellen Einheit". Sie sind mit andern Worten ein Teil des universellen Bewußtseins, individualisiert durch Verbindung mit einer physischen Form, gerade wie eine Seifenblase ein gewisses Quantum Luft umschließt, welches aber von der die Blase umgebenden Luft durchaus nicht verschieden ist. Persönlichkeit bedeutet Begrenztheit, und je geringer die Begrenztheit, um so größer die geistige Freiheit. Im Katechismus des Okkultismus fragt der Lehrer den Schüler: „Erhebe Dein Haupt, mein Schüler; siehst Du ein oder zahllose Lichter am dunkeln mitternächtigen Himmel über Dir leuchten?"

„Ich sehe nur eine Flamme, mein Lehrer; ich sehe aber zahllose zusammenhängende Funken darin glühen."

„Du antwortest richtig. Und nun blicke um und in Dich! Fühlst Du das Licht, welches in Dir glüht, verschieden von dem Licht, welches in Deinen menschlichen Brüdern leuchtet?"

„Es ist durchaus nicht verschieden, obgleich der Gefangene in den Fesseln des Karma schmachtet und obgleich sein äußeres Gewand den Unwissenden täuscht, sodaß er sagt: Deine Seele und meine Seele" (I. 120).

Der Strahl des göttlichen Geistes also, welcher eine menschliche Seele werden und seine Wanderung mit der Rückkehr zur Quelle vollenden soll, von der er ausging, folgt notwendig demselben Evolutionszyklus wie

das übrige manifestierte Universum. Wenn wir aber
diesen Entwickelungsvorgang studieren, müssen wir uns
vor dem Gedanken hüten, dies sei die Monade, der
Kern selbst, der sich vom Tier zum Menschen entwickelt.
Denn die Vernunft sagt uns, daß ein göttlicher Strahl
weder fortschreiten, noch sich entwickeln, noch durch die
Veränderungen berührt werden kann, durch die sein
„Vehikulum" hindurchgeht. Wie sich um den Faden
herum, den der Chemiker in einer Alaunlösung aufhängt,
die schönen Kristalle bilden, der Faden selbst aber unverändert bleibt.

Wir müssen uns demnach hüten, zu glauben, eine
Monade durchlaufe als Einzelwesen alle Reiche der
Natur, um zuletzt zu einem Menschen aufzublühen, so daß
z. B. ein Atom Hornblende schließlich zu einem Humboldt werde. Statt von einer „Mineral-Monade" zu
reden, sollte vielmehr von der Monade oder der universellen Energie die Rede sein, die sich in jener Form
kosmischer Materie manifestiert, die wir Mineralreich
nennen (I. 178).

„Zwischen Mensch und Tier, deren Monaden (oder
Jivas) im Grunde identisch sind, liegt der unüberbrück-
bare Abgrund: Intellekt und Selbstbewußtsein. Kann
der Mensch, der Gott in Menschengestalt, das Produkt
der materiellen Natur nur infolge von Entwickelung
sein wie das Tier? Und worin besteht denn der Unterschied zwischen den beiden, wenn nicht darin, daß der
Mensch ein Tier ist plus einem lebenden Gott innerhalb seiner körperlichen Hülle?" (II. 81).

Um zur Entwickelung der Rasse als solcher zurück-

zukehren, so lautet die Lehre, daß das erste Menschen-
geschlecht durch Projizierung höherer, halbgöttlicher Wesen
aus ihrer eigenen Wesenheit heraus entstanden ist. Der
Vorgang dieser Entstehung muß wohl so gedacht werden
wie der Vorgang der Bildung von spiritistischen Materiali-
sationen, worüber wir freilich auch nur sehr wenig
wissen (II. 87). Diese halb-göttlichen Wesen bildeten
also die erste Rasse; gerade wie die ewige Zelle, von
der Weismann spricht, die endlose Zahl von Zellen
bildet, in welche sie sich teilt. Die erwähnten Stanzen
des Buches Dzyan liefern in einer Reihe halb allegorischer
Bilder in gleichzeitig anschaulichster und gedrängtester
Darstellung die früheste Geschichte der Erde vor der Entstehung der ersten Rasse und beschreiben die ersten Formen,
welche auf ihrer langsam sich festigenden Oberfläche erscheinen; „weiche Steine, die allmählich hart, harte
Pflanzen, die langsam weich werden": mit andern Worten
das Mineral- und Pflanzenreich auf ihren ersten Ent-
wickelungsstufen (II. 15). Dann werden die Insekten
und winzigen Geschöpfe sichtbar, worauf eine Neigung
der Erdachse alles entstehende Leben von ihrer Oberfläche
verschwinden ließ, um dann später nach der Ueberflutung
auf einer etwas höheren Ebene wieder geboren zu
werden.

Alle ältesten Kosmogonien sprechen von unzeitigen
(Fehl-) Schöpfungen, von primordialen Welten, die wieder
untergingen, sobald sie in die Existenz getreten waren.
Die chaldäischen Fragmente einer Kosmogonie auf den
Keilinschriften und an anderen Orten weisen zwei bestimmte
Schöpfungen von Tieren und Menschen auf, von denen
die erste wieder zerstört wurde, da sie mangelhaft war (II 54).

Die Stanzen gehen dann zur Beschreibung der Geister (spirits) von Sonne und Mond über, welche herzukamen, um die Ungetüme auf der Erde zu betrachten, die ihnen sehr mißfielen. „Das ist keine passende Wohnung für den göttlichen Geistesfunken" — sagten sie. Dann kamen die Feuer und ließen durch ihre Hitze die trüben, dunkeln Gewässer vertrocknen, und die Geister töteten die Gestalten der tierköpfigen, fischleibigen Menschen. Als diese zerstört und die Gewässer verlaufen waren, erschien das trockene Land. Dann kamen die Bildner des menschlichen Astralkörpers, die schattenhaften Prototypen der zukünftigen Menschenwesen.

Diese Bildner, die lunaren (Mond=) Vorfahren (oder Barhishads, wie sie auch heißen) stehen zum physischen Menschenkörper in demselben Verhältnis, wie der Mond zur physischen Erde (II. 79). Wie der Mond das Modell der Erde bildete und bis heute viele Vorgänge auf der Erde beherrscht, so gibt der Astralkörper das Modell für die physische Gestalt und regelt die Ebbe und Flut seiner körperlichen Energie. Die Barhishads entsprachen den niederen Prinzipien, welche der grobstofflichen Materie vorausgingen, d. h. den Elementarreichen, die vor Entstehung des Mineralreiches bestanden, und da sie das höhere mahatmische Element, den Strahl des universellen Geistes, nicht besaßen, so konnten sie nur das Modell des physischen Menschen, d. h. den astralen Menschen, hervorbringen. Da sie ferner „knochenlos" waren, wie die Stanzen sagen, d. h. nur einen ätherischen Körper hatten, so konnten sie keine Wesen mit Knochen erzeugen. Ihre Nachkommen waren Phantome, die weder eine Gestalt, noch einen Geist besaßen und deshalb „die Schatten" genannt wurden.

Die „solaren (Sonnen-) Vorfahren", wie der passende Name heißt, konnten wohl dem Astralkörper den Anschein von Leben erteilen und taten es auch (denn von der Sonne, dem Herzen unseres Systems, geht die große elektrisch-magnetische Strömung aus, welche die ganze Natur belebt); allein „die Herren der Flamme", die Agnishwatta, verweigerten diesen unvollkommenen Wesen den Geistesfunken, den sie allein verleihen konnten. Diese sollen frei von Feuer (schöpferischem Trieb) gewesen sein, weil sie dem göttlichen Ursprung, der unbekannten Wurzel zu nahe und auf zu hoher Stufe standen, um irgend etwas mit Schöpfung zu tun zu haben (II. 78). „Dem ewigen Gesetz unterworfen, konnten die reinen Götter aus sich selbst nur schattenhafte Menschen projizieren, etwas weniger ätherisch und geistig, weniger göttlich und vollkommen als sie selbst, jedoch Schatten (II. 95). Sie wollten dem Menschen jenen heiligen glimmenden Funken nicht verleihen, welcher sich zur Blume der menschlichen Vernunft, des menschlichen Selbstbewußtseins entfaltet: einfach weil sie es nicht konnten, denn sie hatten ihn gar nicht zu verleihen". Es mußte also der Mensch von mehr materiellen Schöpfern seinen Ursprung nehmen, die ihrerseits ihm nur das geben konnten, was sie in ihrer eigenen Natur hatten, nicht mehr. Die Anbeter der Form waren es, wie wir gelehrt werden, die aus den höheren Geistern die „Rebellen", die „gefallenen Engel" gemacht haben.

Es waren also die „mehr materiellen Schöpfer",
welche das empfindungslose Modell (die astrale Form)
des physischen Wesens ausstrahlten. Es waren diejenigen,
welche nicht erschaffen wollten, weil sie nicht konnten,
da sie keine astrale Form zu projizieren hatten, und die
sich dem Wohl und der Beseligung der geistigen Menschheit aufopferten.

Da also jene höheren Wesen, Pitris oder Dhyanis,
mit der physischen Schöpfung nichts zu tun haben, so
finden wir den ursprünglichen Menschen, der aus den
Körpern seiner im geistigen Sinne feuerlosen Vorfahren
hervorging, als luftartig, der Dichtigkeit entbehrend,
geistlos bezeichnet (II. 80). Er hatte kein mittleres
Prinzip, welches ihm als Bindemittel zwischen dem
höchsten und niedrigsten, dem geistigen Menschen und
dem physischen Hirn hätte dienen können, denn ihm
mangelte Manas, der Intellekt (mind). Die Monaden,
welche sich in diesen leeren Hüllen verkörperten, ver-
blieben ebenso bewußtlos, wie sie waren, als sie sich
von ihren früheren unvollkommenen Formen und Trägern
trennten. „Es sind die untergeordneten Geister, im Besitz
eines zweifachen Körpers, die die Bildner und Erschaffer
unseres Körpers der Täuschung sind," so lautet die Lehre
(II. 57). „In diese aus jenen Geistern projizierten Formen
stiegen die Monaden herab, allein diese Formen waren
wie Dächer ohne Mauern und ohne Stützen. Und die
Monade hat keinen Halt in der bloßen Form. Sie kann
die Form nicht beeinflussen, wenn der Uebertragungsagent
(Manas, der Intellekt) fehlt, und die Form kennt diesen
nicht."

„Die Söhne Mahats (des universellen Menschen)
sind die Beleber der Menschenpflanze," sagt der Kommentar
(II. 103). „Sie sind die auf den dürren Boden des
latenten Lebens fallenden Wasser und die Funken, welche
das menschliche Tier mit Leben erfüllen. Sie sind die
Herren des ewigen, geistigen Lebens. Im Anfang (d. h.
hier während der zweiten Rasse) hauchten einige nur
ihr Wesen in die Menschen, andere dagegen nahmen
im Menschen ihre Wohnung."

Denn im Prozeß der Entwickelung gibt es überall
stufenförmige Modifikationen, und der menschliche Intellekt sprang nicht sozusagen mit beiden Füßen zugleich
ins Dasein. Obschon die Menschheit der ersten und
zweiten Rasse eigentlich das nicht war, was wir Menschen
nennen, sondern vielmehr bloße Rudimente zukünftiger
Menschenwesen, so erschienen doch schon damals hier
und da Spuren kommender Intelligenz.

Was die Form betrifft, so beginnen nicht nur die
Menschen, sondern geradezu alle primitiven Gebilde in
jedem Naturreich mit einer ätherischen, transparenten
Umhüllung.

Diese frühesten Typen sind in dem oben zitierten
Artikel von Dr. Coryn sehr klar beschrieben: „Der aller-
erste Typus des Lebens auf diesem Planeten waren
kreisförmige, ovale oder formlose Massen von flüchtiger
astraler Gallerte, die Menschen der ersten Rassen. Sie
waren nichts anderes als astrale, strukturlose Zellen.
Eine solche würde, wenn sie sich zu kleinem Volumen
verdichtet, in der uns bekannten festen Materie das ob-
jektive Protoplasma darstellen, und in ihrer klaren

gelatinösen Erscheinung, ihrer Formlosigkeit und ihrem
Streben nach Kugelgestalt, Beweglichkeit, Einheit der
Struktur und sonstigen Eigenschaften würde dieselbe mit
den heutigen einzelligen Organismen große Aehnlichkeit
haben. Und dies ist gerade das, was wirklich eintrat,
denn der „Mensch" der beiden ersten Rassen war nichts
als ein ausgedehntes Protozoon, eine Riesenzelle von
astraler Gallerte, welche ewig war und ist, indem sie
ihresgleichen damals als frühesten Menschen fortpflanzte,
gerade so wie es heute bei den Protozoen durch Spaltung
in zwei geschieht. Es gab niemals und gibt keinen
Tod; es ist nur das äußere Gewand, welches stirbt, der
nach außen abgesonderte Körper."

Dies ist das, was Dr. Coryn unter der „ewigen
Zelle" versteht. Die Stanzen behandeln diese Frage in
ihrer allegorischen Ausdrucksform folgendermaßen: „Als
die Rasse alt wurde, vermischten sich die alten Wasser
mit frischem Gewässer. Als ihre Tropfen trübe wurden,
schwanden sie dahin und tauchten unter in den neuen
Strom, in den heißen Lebensstrom. Das Aeußere des
ersten wurde das Innere des zweiten. Der alte Flügel
wurde der neue Schatten und der Schatten des Flügels"
(II. 18).

Alle Analogie dient dazu, die Wahrheit der okkulten
Lehre nachzuweisen, daß der Mensch nicht als das voll=
ständige Wesen „geschaffen" wurde, welches er heute ist,
so unvollkommen er auch noch geblieben ist (II. 87).
Die Evolution war eine sehr vielfache, eine geistige, eine
psychische, eine intellektuelle und eine tierische, vom Höchsten
herab zum Niedrigsten, und eine Entwickelung des

Phyſiſchen vom Einfachen und Homogenen aufwärts zum
Mehr-Zuſammengeſetzten und Heterogenen, allerdings
nicht ganz nach den von den Vertretern der modernen
Evolutionslehre angegebenen Linien. Die doppelte
Evolution nach zwei entgegengeſetzten Richtungen erforderte mehrfache Zeitperioden verſchiedener Natur,
verſchiedener Grade von Geiſtigkeit und Intelligenz, um
das nun als Menſch bekannte Weſen herzuſtellen.

„Welten und Menſchen wurden nacheinander nach
dem Geſetz der Evolution und aus prä-exiſtierendem
Material geſchaffen und wieder zerſtört, bis endlich dieſe
Welten und deren Bewohner, in unſerm Falle unſere
Erde und ihre Tier- und Menſchenraſſen, das wurden,
was ſie im gegenwärtigen Zyklus ſind: einander polar
entgegengeſetzte Kräfte, im Gleichgewicht befindliche Verbindungen von Geiſt und Materie, von Poſitivem und
Negativem, von Männlichem und Weiblichem“ (II. 84).

Nach ſeinem Durchgang durch alle die Reiche der
Natur in den vorhergegangenen drei Runden (oder
Evolutionszyklen) war des Menſchen phyſiſcher Bau,
nachdem er ſich erſt einmal den thermalen Verhältniſſen
angepaßt hatte, bereit, in der erſten Morgendämmerung
menſchlichen Lebens vor 18 Millionen Jahren den
göttlichen Pilgrim zu empfangen. Erſt in der Mitte der
dritten Raſſe wurde der Menſch mit Manas (Intellekt)
begabt (II. 254). Bei den Tieren liegen die höheren
Prinzipien noch im Schlaf, und nur das Lebensprinzip,
der Aſtralkörper und Rudimente von Kama oder Begierde
können ſich durch den phyſiſchen Körper äußern, der ſich
nicht vor Erreichung der menſchlichen Stufe zur Wohnung
für den Intellekt eignet (II. 255).

In striktester Analogie wiederholt sich der Zyklus der sieben Runden, der des Menschen physischen Körper nach und nach durch alle Naturreiche bis hinauf zu seiner vollendetsten Gestalt hindurchführt, in einem sehr viel kleinern Maßstab in den ersten sieben Lebensmonaten des Embryo.[1]) Wie dieser, obgleich nach diesem Zeitraum zur vollkommenen Ausbildung gelangt, zu seiner vollständigen Entwickelung noch zwei weitere Monate benötigt, so „verbleibt auch der Mensch, nachdem er während sieben Runden seine Entwickelung vollendet hat, noch zwei weitere Perioden im Mutterschoß der Natur, ehe er geboren oder wiedergeboren wird als Dhyani, als göttliche Intelligenz, als ein vollendeteres Wesen, wie er es war, ehe er als Monade in eine neugeschaffene Weltenkette trat" (II. 257).

Die Wissenschaft der Embryologie beginnt von den Naturforschern als „eine Darstellung im kleinen und in einfachen Linien der Fortentwickelung der Rasse", um Häckels Worte anzuführen, betrachtet zu werden, und dieselbe Wissenschaft lehrt uns nicht nur, daß der menschliche Embryo in seinem Fortschreiten zur Reife alle die niederen Tierklassen wiederholt und daß selbst der erwachsene Mensch die Spuren von Organen bewahrt, die zu jenen Typen gehören und nun nutzlos geworden sind, sondern daß der Prozeß der Reproduktion auch im Tierreich Stufen und Vorgänge durchgemacht hat, die eigentlich dem Wirkungskreis des vegetabilischen Lebens zugehören.

---

[1]) So lautet bekanntlich auch der Grundgedanke der modernen Anthropogenie: Die Ontogenese ist eine Wiederholung der Phylogenese.

Professor Le Conte unterscheidet in seinem Buch über Evolution sieben verschiedene Stufen. Die erste ist die der Spaltung oder einfachen Teilung des Tieres in zwei oder mehrere Teile, von denen jeder ein voll= kommenes Wesen darstellt, wie bei den Protozoen. Die zweite Stufe ist die der Keimung, wobei ein kleiner Teil der Oberfläche der Mutter=Struktur, z. B. einer See=Anemone, sich zu einer Knospe auf einem Zweig auswächst, die schließlich abfällt und dann als voll= kommenes Duplikat seines Originals zu wachsen beginnt. Die reproduktiven Zellen differenzieren sich in der dritten Stufe innerhalb eines speziellen Organs, und die vierte Stufe versetzt dieses Organ aus dem Aeußern ins Innere der Struktur. Auf der fünften Stufe tritt eine Vereinigung zweier verschiedener Zellen, der Samenzelle und der Keimzelle im Ovulum, zwei Elemente in einem Organ, auf. Die sechste Stufe zeigt zwei in einem Individuum gleichzeitig existierende Organe, und auf der siebenten und letzten Stufe gehören die beiden Organe getrennten Individuen an. Das Element der Wahl tritt auf, und das große Gesetz der geschlechtlichen Auswahl kommt zur Geltung.

Die urälteste Geschichte der Menschheit, wie der Okkultismus eine solche liefert, folgt nun ganz genau dieser Methode des Fortschreitens. Die Menschen der ersten Rasse waren einfach die Bilder, die astralen Doppelgänger ihrer Väter, der Pioniere, d. h. der fort= geschrittensten Wesen eines vorausgegangenen, tiefer stehenden Weltkörpers, dessen Schale (Ueberrest) unser heutiger Mond ist. So lehrt der Zohar: „Aus dem

Schattenbild des Elohim (der Pitris, schöpferischer Geister) wurde der Mensch geschaffen" (II. 137). Und die Geheimlehre gibt an, daß die erste Raffe in der zweiten verschwand, gerade wie einfache Zellen, die sich teilen und wieder teilen, in ihren Nachkommen verschwinden (II. 84). Deshalb starb auch natürlich die erste Raffe nicht aus, sondern wurde „die ewige Zelle" (II. 121). Da nun aber dann das Bestreben der Materie nach größerer Dichte gerichtet war, so begann die physische Gestalt sich selbst um den astralen Schatten aufzubauen.

Der Kommentar gibt in wenigen Worten das Resumé über die ersten Raffen:

Zuerst kamen die Selbst-Existierenden auf diese Erde. Sie sind das geistige Leben, vom absoluten Willen und Gesetz in der Dämmerung jeder Wiedergeburt der Welten abgeschleudert (projiziert) (II. 164). Dieses sind die schöpferischen Geister, die Bildner der Menschen. Von diesen gingen aus:

1. „Die erste Raffe, die Selbst-Geborenen, die astralen Schatten ihrer Vorfahren. Deren Körper war ohne Verstand, ohne Intelligenz und Willen. Ihr inneres Wesen (die Monade) war, wenn auch innerhalb des irdischen Baues, so doch damit nicht verbunden. Das Verbindungsglied Manas, der Intellekt, fehlte noch."

2. „Aus der ersten Raffe entsprang die zweite, die Schweiß-Geborene oder die knochenlose genannt. Dies ist die zweite Wurzelraffe von den Beschützern, den sich verkörpernden Göttern, begabt mit einem

primitiven, schwachen Funken (dem Keim der Intelligenz). Aus dieser entwickelt sich:

3. „Die dritte Wurzel-Rasse, die zweifache" (oder die
androgyne, die männlich-weibliche). In den Stanzen
wird diese die „Ei-geborene Rasse" genannt. Der
Vorgang der Keimung, der Ausschwitzung, der die
zweite Rasse hervorbrachte, ist nun von einer zarten
Zelle zu einem sich allmählich verhärtenden Ei über-
gegangen (II. 132). „Die Sonne erwärmte es, der
Mond kühlte und formte es, der Wind nährte es bis
zu seiner Reife," sagen die Stanzen. Danach besitzt
die Geschichte von Leda und dem Schwan eine okkulte
Bedeutung, und die beiden aus dem von ihr geborenen
Ei hervorgehenden Heroen, Kastor und Pollux, werden
sowohl zu einem hochbedeutsamen Symbol des
Doppelmenschen, des sterblichen und des unsterblichen,
als auch zu einem Symbol der dritten Rasse und
ihrer Umbildung aus einem rein tierischen Menschen
in einen Gott-Menschen, nur mit tierischem Körper
(II. 122).

Denn die dritte Rasse zerfiel im Fortgang der Entwickelung und der Verdichtung der Materie in drei bestimmte Teile mit verschiedenen Methoden der Reproduktion.
Zuerst war sie ganz geschlechtslos, dann trat Androgynie
(Hermaphroditismus, doppelte Geschlechtlichkeit) auf; endlich brachte der Eier-erzeugende Mensch ganz allmählich
und in beinahe unmerklich fortschreitender Entwickelung
Wesen hervor, bei denen ein Geschlecht den Vorrang
über das andere gewann, und die schließlich deutlich
Männer und Frauen unterschieden (II. 132). Wir finden

dieselben Ideen in Platos Gastmahl[1]): „Unsere Natur
war ursprünglich nicht dieselbe, die sie heute ist,“ sagt
dort Aristophanes: „sie war mann-weiblich (hermaphro-
ditisch). Jedes Menschen Gestalt war ganz rund, Rücken
und Seiten in Kreisform; vier Hände hatten sie, und
Beine ebenso wie die Hände, zwei Gesichter auf dem
runden Halse, beide ganz gleich, aber nur einen Kopf
mit den beiden nach entgegengesetzten Seiten blickenden
Gesichtern, vier Ohren, doppelte Schamteile und das
übrige alles so, wie hiernach sich jeder denken kann.
Dieses Wesen ging aufrecht, wie jetzt, nach welcher
Seite es wollte, und wenn es zum schnellen Laufe sich
anschickte, so bewegte es sich im Kreise, wie die, welche
ein Rad schlagen, nach oben die Beine herumschwingen
und sich im Kreise drehen, auf die damals vorhandenen
acht Glieder gestützt. Diese Menschen waren gewaltig
durch ihre Körperkraft und Stärke und voll Hochmut:
sie legten Hand an die Götter, und was Homer von
Ephialtes und Otos sagt, das wird von jenen erzählt,
daß sie es unternahmen, zum Himmel hinaufzusteigen,
in der Absicht, die Götter anzugreifen. Zeus spaltete
deshalb, um sie schwächer zu machen, jeden von ihnen
in zwei.“

„Jedes lebendige Geschöpf und jegliches Ding auf
dieser Erde, der Mensch eingeschlossen“ — sagt die
Geheimlehre — „ging aus einer gemeinsamen ursprünglichen
Form hervor.“ Der Mensch muß auf seinem Entwickelungs-

---

[1]) Vergleiche: Philosophische Bibliothek, „Platos Gastmahl“,
übersetzt und erläutert von Dr. Arthur Jung, Seite 44. Heidel-
berg, G. Weiß.

gang durch dieselben Stufen hindurchgegangen sein wie
die niederen Tiere, dieselben Stufen, welche die heutige
Wissenschaft im Wachstum des Embryo festgestellt hat
(II. 659).

Die Geschichte der Zelle scheint durch das ganze
Reich des Materiellen hindurch dieselbe zu sein. Sie
teilt sich unaufhörlich so lange, bis sich der Lebensstrom
nach und nach in das aktive und passive, das männliche
und weibliche Element spaltet. Die weniger genährten
Zellen werden zu aktiven, die stärker genährten zu
passiven. Vom unbewußten Zusammenfließen der primitiven
Zellen an zeichnet die Wissenschaft Schritt für Schritt den
allmählichen Aufbau der Form bis zu dem Moment, wo
mit den vielzelligen Organismen der Tod in die Welt
tritt. Allein „die ewige Zelle" besteht noch fort, um
die beredten Worte zweier moderner Schriftsteller[1] anzuführen: „Die Körper sind nichts anderes als ausbrennende
Fackeln, während die Lebensflamme durch die organische
Reihe unausgelöscht hindurchzieht."

Während die beiden ersten Rassen sich von dem
Typus des Protozoon kaum unterscheiden und in ihrer
Struktur außerordentlich einfach waren, änderte sich mit
der dritten Rasse und ihrer zunehmenden Materialität
vielfach diese Form, je mehr sich deren physische Entwickelung vervollkommnete. Gegen das Ende der dritten
Rasse kamen bereits die Menschen unter denselben Be-
dingungen und durch dieselben Prozesse auf die Welt
wie unsere historischen Generationen. Die Entwickelung

---

[1] Geddes und Thompson: Evolution of sex. Seite 262.

bis zu diesem Punkt erforderte natürlich viele Millionen
Jahre. In den alten Stanzen lesen wir hierüber,
daß während der frühesten Periode dieser Rasse „Tiere
mit Knochen, Drachen und fliegende Schlangen zu den
kriechenden Wesen hinzu kamen. Die, welche auf dem
Boden herumkrochen, erhielten Flügel, die langhalsigen
Wassertiere wurden die Voreltern der fliegenden Tier=
welt." Dies wäre also derselbe Uebergang vom Reptil
zum Vogel, welchen die moderne Biologie lehrt. Von
einer noch späteren Periode erfahren wir, daß in ihr
die knochenlosen Tiere sich zuerst in Wirbeltiere und dann
in Säugetiere umbildeten; und da die Säugetiere ebenso
durch den Hermaphroditismus hindurchgegangen sind,
wie der Mensch, so tragen sie heute noch die Spuren
dieser ehemaligen Zustände, worüber sich der Darwinianer
Professor Oskar Schmidt folgendermaßen ausspricht[1]):
„In der Klasse der Säugetiere wird Hermaphroditismus
nicht gefunden, obwohl dieselben durch ihre ganze Ent=
wickelungsperiode hindurch Spuren davon aufweisen, die
unbekannten Voreltern aus weit zurückliegender Vorzeit
ihren Ursprung verdanken" (II. 184).

Hier liegt nun nach der Geheimlehre der Punkt, in
welchem die Theorien des Okkultismus sich von denen
des Darwinismus trennen. Während nämlich Darwin
und seine Nachfolger für den Menschen und den anthro=
poiden Affen einen gemeinschaftlichen tierischen Vorfahren
annehmen, gibt der Okkultismus beiden menschliche
Eltern, d. h. mit der Einschränkung, daß er jene anthro=

---

[1]) Abstammungslehre und Darwinismus. Seite 186—187.

poiden Affen aus einer Verbindung intellektloser Ur=
menschen mit tierischen Rassen jener Periode ableitet.
Wir haben gesehen, daß die erste Rasse nur wenig besser
als Phantome und vollständig verstandslos war; daß
ferner die zweite Rasse nur mit einem primitiven, schwachen
Schimmer von Intelligenz begabt und daß endlich die
dritte Rasse in ihrer frühesten Periode nur wenig besser
als Tiere und für den lebenden Gott noch kein geeigneter
Tempel war. Die Monade war, obschon innerhalb des
irdischen Gebäudes, noch ohne das verbindende Glied
des Intellekts, das sie mit dem sich langsam entwickelnden
Gehirn vereinigen sollte.

Wir müssen uns daran erinnern, daß die mensch=
liche Monade, einerlei ob immetallisiert im Atom des
Steines oder invegetalisiert in der Pflanze, oder inanima=
lisiert im Tier, doch stets göttlichen Ursprungs ist (II.
185). Diese verstandlosen Menschen, in denen der gött=
liche Strahl verborgen lag, wie das Feuer im Feuerstein
schläft, „vereinigten sich mit ungeheueren weiblichen
Tieren", — sagt das alte Manuskript — „und erzeugten
eine Rasse von krummen rothaarigen Ungetümen, die
auf allen Vieren gingen." Diese Geschöpfe waren stumm,
wie auch die Menschen jener Frühperiode, denn die
Sprache kam erst mit der Entwickelung des Verstandes.
Diese Ungetüme wurden wild, und sie und die Menschen
brachten sich gegenseitig um. „Bis dahin aber gab es
keine Sünde, keinen Mord," allein nach der Trennung
in Geschlechter war das goldene Zeitalter zu Ende.
Die Erdachse schwankte, die Reihenfolge der Jahres=
zeiten begann, und ein fortwährender Wechsel trat an

die Stelle ewigen Frühlings." „Die Menschen lernten
Eis, Schnee und Frost kennen, und die Menschen, Tiere
.und Pflanzen wurden in ihrem Wachstum zurückgehalten."
Denn mit der Trennung der Geschlechter kam der Kampf
in die Welt, und der Widerstreit der Naturen erzeugte
die Leidenschaft, die Sünde und den Tod. Dies war
der Fall des Menschen, „das Hinabsteigen der Seele in
die Materie", wie die alten Platoniker sich ausdrückten;
und nachdem die Involution oder die vollständige
Vereinigung des Geistigen mit dem Physischen vollendet
war, begann die Evolution, die Rückkehr zum Geistigen.

Die Originaltypen der anthropoiden Affen bilden
demnach eine Seitenlinie einer beinahe intellektlosen
Menschenrasse, die in später folgenden Ueberflutungen
unterging. Bei der anderen Linie von rein menschlicher
Zucht setzte das Gehirn seinen Entwickelungsgang fort,
und nachdem es zu einem geeigneten Träger für den
Intellekt geworden war, entfachte der göttliche Funke
das Feuer der Intelligenz im Menschen, so daß das
Bewußtsein seiner eigenen Kräfte in ihm erwachte und
er vom Baum der Erkenntnis zu essen begann (II. {93).

„Die dritte Rasse zeigt drei aufeinander folgende
Abteilungen mit bestimmten Unterschieden in physiologischer
und in psychischer Hinsicht: die älteste sündenlos, die
mittlere zu Intelligenz erwacht und die dritte und letzte
ausgesprochen tierischer Natur, d. h. der Intellekt (Manas)
unterliegt den Versuchungen der Triebe (Kama) (II. 254.
Note).

Sobald dem Menschen der Verstand und ein Bewußtsein seiner göttlichen Kräfte verliehen war, fühlte

sich jeder in seiner wahren Natur als ein Gottmensch,
obwohl er seinem physischen Wesen nach Tier war. Der
Kampf zwischen den beiden, dem Gottmenschen und dem
Tier, begann von dem ersten Tag an, an welchem der
Mensch die Frucht vom Baume der Erkenntnis gegessen
hatte (II. 272). Das heißt: nachdem dem Menschen
der Intellekt verliehen worden und nachdem in ihm
Selbstbewußtsein aufgeleuchtet war infolge seiner Vereinigung mit der Materie, wurde er „ein Gott, der
Gutes und Böses unterschied". Gutes und Böses können
wir uns nicht vorstellen ohne Verlangen; erst mit der
Aeußerung, der Manifestation, welche aus dem (abstrakten)
Verlangen hervorgeht, kann der Dualismus der Natur
(ihr Paar von Gegensätzen — nach der Ausdrucksweise
der Hindus —) auftreten. Gut und schlecht, Licht und
Dunkelheit, Hitze und Kälte, männlich und weiblich, aktiv
und passiv sind die zwei Schalen der ewig auf und ab
schwankenden Schöpfungswage. Deshalb muß das Uebel
relativ sein, und nur durch Kampf, durch unablässiges
Ringen kann der Mensch seinen Weg zu vollkommenem
Frieden wiederfinden — „ein Kampf ums Dasein zwischen
dem Geistigen und dem Psychischen". Diejenigen, welche
die niederen Prinzipien unterjochten, indem sie ihren
Körper meisterten, vereinigten sich mit den „Söhnen des
Lichtes"; die, welche ihrer niederen Natur zum Opfer
fielen, wurden „Sklaven der Materie". Die „Söhne des
Lichts und der Weisheit" endigten damit, daß sie „Söhne
der Finsternis" wurden. Sie waren gestürzt im Kampf
des sterblichen Daseins mit unsterblichem Leben, und alle
diese so Gefallenen wurden zum Samen für die künftigen
Generationen von atlantischen Zauberern.

Denn es waren die Atlantier oder die vierte Raſſe „die erſte Nachkommenſchaft des halb göttlichen Menſchen nach ſeiner Trennung in Geſchlechter, deshalb die erſten menſchlich hervorgebrachten Sterblichen, die als die erſten dem Gott der Materie Opfer darbrachten. Dieſe Verehrung artete ſehr bald in Selbſtverehrung aus und führte daher zum Phallusdienſt oder zu dem, was bis auf dieſen Tag im Symbolismus jeder exoteriſchen Religion, im Ritus und Dogma die Herrſchaft führt (II. 273). Mit der vierten Raſſe entwickelte ſich die Sprache. Auf ihrer erſten Stufe einſilbig (iſolierend), auf ihrer zweiten Stufe zuſammenfügend (agglutinierend), auf ihrer dritten flektierend: die Wurzel des Sanskrit. Die erſten Stämme der vierten Raſſe werden beſchrieben als Weſen von gigantiſcher Statur, begabt mit außerordentlichen Eigenſchaften; ſie bilden den Urſprung der Ueberlieferungen von Titanen und von Cyklopen. „Wir können leicht verſtehen,“ ſagt H. P. B., „daß die aufeinanderfolgenden Legenden und Allegorien, die in den HinduPurânas und bei den Griechen Heſiod und Homer gefunden werden, auf nebelhafte Erinnerungen an wirkliche Titanen, Menſchen von furchtbarer phyſiſcher Kraft, und an wirkliche Cyklopen, drei (nicht ein) äugige Sterbliche hinauslaufen (II. 293). Das dritte Auge befand ſich jedoch nicht in der Mitte der Stirn, wie bei den griechiſchen Cyklopen der Legenden infolge einer exoteriſchen Lizenz, ſondern am Hinterkopf.

„Sie konnten nach vorwärts und nach rückwärts ſehen,“ ſagt der alte Kommentar; „allein als nach der Trennung in Geſchlechter der Menſch in die Materie

verfallen war, verdunkelte sich sein geistiger Blick, und
gleichzeitig begann das dritte Auge seine Kraft zu ver=
lieren" (II. 294). Als die vierte Rasse in der Mitte
ihrer Entwickelung angekommen war, mußte das innere
Sehen durch künstliche Antriebe geweckt und erworben
werden, ein Vorgang, von dem die alten Weisen Kenntnis
hatten, d. h. das innere Gesicht wurde von da an nur
noch erworben durch Trainierung und Initiierung.
Das dritte Auge „versteinerte" ebenfalls und verschwand.
Die Doppelgesichter wurden zu Eingesichtern; das dritte
Auge wurde tief in den Kopf hineingezogen und ist nun
unter dem Haar begraben. Allein dieses dritte Auge
ließ als Beweis seiner Existenz eine Spur von sich in
der Zirbeldrüse zurück, die vom Philosophen Descartes
für den Sitz der Seele gehalten wurde. Daß diese
Zirbeldrüse (glandula pinealis) ein verkümmertes Auge
ist, wird von manchen Naturforschern und Gelehrten
zugegeben. Ebenso besitzen viele Tiere, speziell die Ei=
dechsen, ein ganz ausgesprochenes drittes Auge, welches
jetzt verkümmert ist, ursprünglich aber sicher in Tätigkeit war.

Dr. Carter Blake (Mitglied der Londoner anthro=
pologischen Gesellschaft und F. T. S.) sagt: „Die
Paläontologie hat festgestellt, daß bei den Tieren der
Cenozoischen Periode (Kreideformation), speziell bei den
Sauriern, das dritte Auge sehr entwickelt war und ein
gewöhnliches Gesichtsorgan bildete."

De Graaf entdeckte, daß in der Blindschleiche die
Zirbeldrüse sich in ein wirbelloses Auge umgebildet habe.
Richard Owen stellte ihr Vorhandensein bei vielen fossilen
Tieren fest, und Professor Ray Lancaster behauptet, daß

das ursprüngliche Wirbeltier transparent gewesen sein
müsse, mit einem oder zwei Augen innerhalb des Gehirns,
wie bei den Seescheiden (Ascidien).

Dieses Auge war ein aktives Organ im Menschen
— sagt die okkulte Lehre — auf jener Entwickelungs-
stufe, als das geistige Element die oberste Herrschaft
führte. Allein als sein Körperbau sich festigte und seine
physischen Sinne sich entwickelten, da fing dieses dritte
Auge gleichzeitig mit seinen geistigen und psychischen
Sinnen zu verkümmern an. Während dieses Auge das
Organ des inneren Gesichts bildete, war es beim Tiere
dasjenige des objektiven (äußeren) Gesichtes und wurde
im Fortgang der physischen Entwickelung vom Einfachen
zum Zusammengesetzten durch zwei Augen ersetzt. Beim
Menschen verkümmerte es erst am Ende der vierten
Rasse, als seine göttlichen Kräfte zu Dienern seiner neu
erwachten physischen und psychischen Leidenschaften
geworden waren, statt umgekehrt. Die Sünde lag nicht
im Gebrauch dieser Kräfte, sondern in deren Mißbrauch.
Das Sinken und die Umwandlung von Lemuria, des
dritten Kontinents, der Wohnstätte der dritten Rasse,
fing in der Nähe des arktischen Kreises (Norwegen) an,
und die dritte Rasse beendigte ihre Laufbahn auf der
großen Insel „Lanka" der Atlanter, von welchem Ceylon
das nördliche Hochland bildete (II. 332). Die neue
Rasse, die Bewohner von Atlantis, dem vierten Kontinente,
entwickelten sich aus einem Kern von Nord-Lemuriern,
etwa 700000 Jahre vor Beginn der heute sogenannten
Tertiärformation (des Eocän). Natürlich gehen Rassen-
veränderungen, wie jede Aenderung in der Natur, langsam

und allmählich vor sich. Eine Rasse überdeckt die andere, und sogar heute noch leben Vertreter der vierten und dritten Rasse. Es ist einfach eine Frage der Kraft.

„Es ist allen Okkultisten bekannt" — heißt es in dem theosophischen Werke „Man or Fragments of forgotten history" (S. 75), „daß die erste Zivilisation unserer Runde mit der dritten Rasse begann, deren langsam aussterbenden Ueberreste heute noch unter den flachköpfigen Australiern vorgefunden werden. Diese herabgekommenen Vertreter der Menschheit sind — was seltsam klingen mag — die Abkömmlinge von Menschenstämmen, deren Zivilisation um Aeonen weiter zurückliegt als die von Phönizien und Babylon." Es sind kaum noch Spuren ihrer Werke auf uns gekommen, mit Ausnahme der ältesten Ueber-bleibsel der sogenannten Zyklopenbauten, wie sie in Peru und Zentral-Amerika oder in den merkwürdigen Statuen der Osterinsel, jenes wieder ans Tageslicht zurückgehobenen Teiles eines untergegangenen Kontinents, gefunden werden.

Mit den Atlantern erreichte die physische Schönheit und Stärke ihren Höhepunkt, entsprechend dem Gesetze der Entwickelung, die in der mittleren Periode ihren Gipfel erreicht (II. 433). Diese Atlanter aber dürfen nicht als eine bloße Rasse im gewöhnlichen Sinn oder als eine bloße Nation betrachtet werden. Dieser Name umfaßt vielmehr eine beinahe zahllose Menge von Rassen und Nationen, und verglichen mit der Zivilisation dieser Atlanter verschwindet die Zivilisation der Griechen und Römer und selbst die der Aegypter in Unbedeutendheit (II. 429). Ihre Kenntnis der verborgenen Naturkräfte

war weit größer als die unfrige. Sie bauten Flug-
maschinen und durchflogen die Atmosphäre; sie hatten
Waffen von einer unsere Begriffe übersteigenden Zerstörungs-
kraft; ihre Häuser waren mit Gold belegt; Literatur
und Wissenschaft fanden ihren Ursprung während der
Periode dieser Rasse, wie wir aus dem angeführten
Buche „Man or Fragments of forgotten history" (S. 77)
entnehmen. Allein von ihrer Literatur ist nur noch
wenig erhalten, und von ihrer Kunst und Wissenschaft
ist kaum irgendeine Spur mehr zu finden, ausgenommen
in China und mit Ausnahme der bedeutenden astronomischen
Werke in Sanskrit, deren Verfasser ein Astronom der
Atlanter gewesen ist. Als diese Atlanter mit den Ariern
in Berührung kamen, waren sie schon im Verfall; denn
den Höhepunkt ihrer Zivilisation hatten sie erreicht, als
die arische Rasse noch in der Wiege lag, und Berichte
über die luftige Höhe, die sie erreichten, sind — obwohl
der Welt im ganzen unzugänglich — mit gewissenhafter
Sorgfalt niedergelegt und gesammelt in den verborgenen
Bibliotheken der Tempel und Lamasarien, den Krypten
und Cavernen der initiierten Mystiker aufbewahrt.

Der Mißbrauch ihrer Kenntnis der subtilen Kräfte
der Natur war es, der den Verfall der atlantischen
Rasse herbeiführte (II. 84). Die großen Ueberflutungen,
welche die zyklische Rassengeneration abschließen, werden
durch Stolz, Einbildung und Ruchlosigkeit herbeigeführt,
welche einen allgemeinen Konflikt mit den Kräften der
Güte unvermeidlich machen. In allen Religionen wird
das Andenken an solche Konflikte unter verschiedenen
Namen und Symbolen aufbewahrt. So der Kampf des

Erzengels Michael und seiner Engel mit dem Drachen, ebenso der Kampf der Söhne des Lichts gegen die Söhne der Finsternis, der Devas gegen die Asuras.

„Die berühmte Atlantis existiert nicht mehr, aber wir können kaum daran zweifeln, daß sie einst existierte," sagt Proclus, der außer den geschichtlichen Darstellungen des Marcellus und anderer auch das Zeugnis der Bewohner von Poseidonis (dem letzten atlantischen Bruchstück) anführt, „welche die Erinnerung an die wunderbare Größe der atlantischen Insel aufbewahrten, wie dieselbe von ihren Vorfahren beschrieben wurde" (II. 408). Diese Poseidonis-Insel, Platos Atlantis, ging vor etwa 12000 Jahren unter. Der Untergang des Hauptkontinents erfolgte einige 100000 Jahre früher, während der Miocän-Periode. Es ist dies die große Ueberflutung, die darum so interessant ist, weil sie die Legenden von der Sündflut und von Vaivasvata, Xisuthrus, Noah, Denkalion und den wenigen Gerechten herbeiführte, die vom Untergang verschont blieben. „Sie wurde veranlaßt durch aufeinanderfolgende Störungen in der Achsendrehung, die, in der frühesten Tertiär-Periode beginnend und lange Zeiten hindurch fortgesetzt, die letzten Spuren von Atlantis hinwegspülte, mit Ausnahme vielleicht von Ceylon und einem kleinen Teil des heutigen Afrika. Sie veränderte das Antlitz der Erdkugel, nur geringe Spuren von all den blühenden Zivilisationen mit ihren Künsten und Wissenschaften zurücklassend, die sie hinwegfegte, mit Ausnahme jener im Osten verborgenen Berichte (II. 314).

„Die ersten großen Gewässer kamen," sagt das

alte Manuſkript. „Sie verſchlangen die ſieben großen Inſeln. Alles Heilige wurde gerettet, das Unheilige zerſtört, mit ihm die meiſten der rieſigen Tiere, welche der Schweiß der Erde hervorgebracht hatte.“

Wenige Menſchen blieben zurück: einige gelbe, einige braune und ſchwarze und einige rote. Die mondfarbigen, der früheſte Typus, dagegen war für immer verſchwunden. „Die fünfte Raſſe, ein Produkt des heiligen Stammes, blieb übrig . . . . Sie wurde von den erſten göttlichen Königen regiert, die wieder herabſtiegen, Frieden machten unter dieſer Raſſe, dieſelben lehrten und inſtruierten.“

Es iſt nun eine merkwürdige Tatſache, daß alle alten Nationen, die Akkader, Chineſen, Hindus, Aegypter, Hebräer, Griechen oder Peruver gewiſſe Traditionen über ſolche ehemalige göttliche Lehren beſitzen. Vom Manu und Thoth-Hermes an reden ſie alle von den Göttern, die aus ihren himmliſchen Wohnorten herab-ſtiegen, auf der Erde regierten und die Menſchheit in Aſtronomie, Architektur und andern Künſten und Wiſſen-ſchaften unterwieſen. Dieſe Weſen erſcheinen zuerſt als „Götter“ und als Schöpfer, dann nehmen ſie Menſchen-geſtalt an und beginnen als göttliche Könige und Herrſcher bekannt zu werden. Oft wird von ihnen geſprochen als den „Schlangen“ oder „Drachen“; denn vor un-vordenkbarer Zeit war die Schlange und der Drache das Sinnbild der Weisheit, eine Tatſache, für welche die Beweiſe in der Geheimlehre zu finden ſind, worin dieſe Symbole ſehr ſorgfältig erklärt werden. „Wenn einmal die Menſchen genügend vergeiſtigt ſein werden,“ ſagt H. P. B. „dann werden ſie begreifen lernen, daß

es niemals einen großen Weltreformator gegeben hat,
dessen Name auf unsere Generation gekommen ist, welcher
nicht 1. eine direkte Emanation (Ausfluß) des Logos,
d. h. eine wirkliche Inkarnation einer „der Sieben" oder
„des siebenfachen göttlichen Geistes" gewesen wäre, oder
2. der nicht schon früher während vergangener Zyklen
erschienen wäre. Dann wird der Menschheit das Verständnis dafür aufgehen, warum es unmöglich ist, für
Zoroaster, der 12—14 mal im Dabistan erscheint, ein
genaues, zuverlässiges Datum anzugeben; warum ferner
Krishna und Buddha von sich selbst als von Wiederverkörperungen reden; warum Osiris ein großer Gott
und gleichzeitig ein „Fürst dieser Erde" ist, der in Thoth-
Hermes wiedererscheint; und warum Jesus von Nazareth
kabbalistisch als Joshua, der Sohn Nuns, und in andern
Persönlichkeiten wiedererkannt wird (II. 358). Jeder
einzelne von diesen wie noch mancher andere erschien
auf der Erde als eine der sieben Kräfte des Logos,
individualisiert als Gott oder göttlicher Führer. Dann
kehrte er in mehr materieller Gestalt wieder, um als
großer Weiser und Lehrer der fünften Rasse aufzutreten,
und opferte sich dann in weiteren Wiederverkörperungen
unter verschiedenen Umständen für das Wohl der Menschheit in verschiedenen kritischen Perioden auf. In der
ältesten ägyptischen Geschichte z. B. finden wir, daß Osiris-
Isis, der Doppel-Gott und Vater-Mutter „in Aegypten
Städte gebaut, die Nilüberschwemmungen reguliert, Acker-
bau und Weinbau, Musik, Astronomie und Geometrie
gelehrt habe" (II. 366). Im „Aegyptischen Totenbuch"
sagt Isis: „Ich bin die Königin dieser Regionen; ich

war die Erste, welche den Sterblichen die Geheimnisse von Weizen und Korn offenbarte" (II. 347).

Der Kommentar sagt: „Früchte und Körner, auf der Erde bis dahin unbekannt, wurden von den „Herren der Weisheit" zum Nutzen derjenigen, die sie beherrschen, aus andern Sphären gebracht. In der Tat soll Weizen niemals wild gefunden werden und es ist das einzige Cereal, welches die Bestrebungen der Botaniker, seinen Ursprung herzuleiten, hartnäckig vereitelt. Der Weizen war den Aegyptern heilig. Er wurde deshalb ihren Mumien beigegeben, um nach Jahrhunderten noch aufgehen zu können.

Nahezu fünf Jahrhunderte vor der gegenwärtigen Zeitrechnung zeigten ägyptische Priester dem Herodot die Statuen ihrer Könige und Hohenpriester, die alle, von wunderbarer Geburt, vor Menes, ihrem ersten menschlichen König, regiert hatten. „Diese Statuen", schreibt Herodot, „waren enorme Holzkolosse, 345 an Zahl; jeder von ihnen besaß seinen eigenen Namen, seine Geschichte und seine eigenen Jahrbücher." Die Priester versicherten Herodot, daß kein Geschichtsschreiber Berichte über diese übermenschlichen Könige verstehen und verfassen könne, es sei denn, er habe die Geschichte der drei Dynastien studiert und kennengelernt, die denen der Menschen vorhergingen, nämlich die Dynastien der Götter, der Halbgötter, der Heroen und Riesen (II. 369). Diese „drei Dynastien" sind die drei Rassen, die den Atlantern, der vierten Rasse, der Repräsentantin des materiellen Höhepunktes, vorangingen.

„Die Zeiträume, welche die vierte Raſſe von der fünften trennen, ſind ſelbſt dann, wenn man den Beginn der letzteren nach den Legenden rechnet, ſo ungeheuer groß, daß Berichte über Einzelheiten für uns wertlos ſind," ſagt die Geheimlehre (II. 437).

Der fünfte Kontinent war Amerika. Allein da die Reihenfolge der Kontinente dem Entwickelungsgang der Raſſen von der erſten bis zur fünften, unſerer ariſchen Wurzelraſſe, entſprechen muß, ſo muß Europa als der fünfte Kontinent bezeichnet werden. Es gab eine Zeit, in welcher das ägyptiſche Delta und das nördliche Afrika zu Europa gehörten, ehe die Bildung der Straße von Gibraltar und ein weiteres Emporheben des Kontinents das Ausſehen der Karte von Europa völlig veränderte. Die letzte größere Veränderung derſelben fand vor etwa 12000 Jahren ſtatt und verurſachte das Verſchwinden von Platos kleiner atlantiſcher Inſel, die nach dem Kontinent, zu dem ſie gehörte, Atlantis genannt wurde (II. 8).

Seit Beginn der atlantiſchen Raſſe ſind viele Millionen Jahre verfloſſen; trotzdem finden wir, daß die letzten Atlanter ſich mit den erſten Ariern vermiſchen. „Dies beweiſt," ſagt die Geheimlehre, „das enorm lange Herüberragen einer Raſſe in die nächſtfolgende, wobei allerdings inbezug auf Charakter und äußeren Typus die ältere ihre Hauptzüge nach und nach verliert und neue Züge von der jüngeren annimmt" (II. 444). Dies kann bei der Bildung aller Miſchraſſen beobachtet werden, und die okkulte Philoſophie lehrt, daß ſogar gegenwärtig die nächſte Raſſe im Bildungsprozeß begriffen iſt und daß dieſer Prozeß in Amerika ſchon in aller Stille ſeinen

Anfang genommen hat. Denn infolge der in den Vereinigten Staaten stattfindenden starken Vermischung vieler Nationalitäten durch ihre fortgesetzten Mischehen bilden die Bewohner dieses Landes schon heute beinahe nicht nur geistig, sondern auch physisch eine ganz besondere, eigenartige Rasse. „Sie stellen, kurz gesagt, die Keime der sechsten Unterrasse dar und werden nach einigen Jahrhunderten auf das entschiedenste in allen neuen charakteristischen Eigenschaften als Pioniere derjenigen Rasse auftreten, welche auf die heutige europäische oder fünfte Unterrasse folgen muß."

Die okkulte Lehre teilt nämlich jede Rasse der sieben Wurzelrassen in sieben Unterrassen und diese wieder in sieben Zweig- oder Familienrassen. Die fünfte wird in die sechste viele hunderttausend Jahre lang hineinragen und inbezug auf Statur, allgemeinen Körperbau und geistiges Wesen einen langsamen Veränderungsprozeß herbeiführen, gerade wie die vierte Rasse in unsere arische Rasse hineinragte und die dritte in die der Atlanter. Wie in jeder siebenfachen Reihenfolge der Vierer den Mittel- und Gleichgewichtspunkt repräsentiert, so war auch mit der vierten Rasse das geistige Element am tiefsten in die Materie eingetaucht und begann mit der fünften sich nun dem Geistigen zu nähern.

Nur durch Vereinigung mit der Materie kann das universelle Bewußtsein zum individuellen Geist (mind) werden; nur durch Reinigung von der Materie kann dieser sein eigenes Heil erringen und die erhabene Freiheit der Gottessöhne erwerben. Mit jeder Rasse bildet sich ein neuer Sinn, kommt ein neues Element der

Vervollkommnung hinzu. Wir der fünften Rasse Angehörige besitzen fünf Sinne, und schon beginnt das fünfte Element, der Aether, von den Gelehrten erkannt zu werden.

In ihrer Rede auf der Londoner Konvention von 1892 wies Mrs. Besant darauf hin, wie engverknüpft mit der heutigen Menschheit die Entwickelung dieses fünften Elements, des Aethers, auf der Ebene des Materiellen ist. „Ganz gleichgültig, ob Sie sich an den Physiker, den Chemiker oder den Elektriker wenden," sagte sie, „jeden dieser Männer der Wissenschaft werden Sie mit dem Studium, mit der Erforschung des Aethers beschäftigt finden." Prof. Crookes hat den Ausspruch getan, daß „in den ätherischen Vibrationen, die heute noch kaum verstanden werden, Möglichkeiten von verborgenen Kommunikationsmitteln der menschlichen Gedanken enthalten sein könnten, Existenzmöglichkeiten für ein neues Organ im menschlichen Gehirn, welches auf diese Vibrationen reagiert, wie das Auge auf die Vibrationen dessen, was wir Licht nennen". So ist der Weg geebnet für die Entwickelung dieses sechsten Sinnes, welcher das unterscheidende Merkmal für die kommende Rasse sein wird.

„So ist die Menschheit der neuen Welt beschaffen, die bei weitem älter ist als die der alten, was man vergessen zu haben scheint," sagt H. P. B. (II. 446), „deren Mission und Bestimmung es ist, den Samen für eine nachfolgende Rasse zu säen, die größer und herrlicher sein wird als irgendeine, von der wir heute wissen."

Wie aber die Koralleninsel sich niemals über die See erhoben hätte, wenn nicht jedes mikroskopische Insekt

feinen winzigen Anteil zu der Arbeit von ungezählten
Millionen beigetragen hätte, so hängt auch die Zukunft
der Menschheit von unsern individuellen Anstrengungen
ab, die darauf abzielen, die Entwickelung des ganzen
Geschlechtes zu fördern.

M. Altmann, Verlagsbuchhandlung in Leipzig.

Die Geheimlehre. (The Secret Doctrine.)

Die Vereinigung von Wissenschaft, Religion und Philosophie. Von H. P. Blavatsky. Aus dem Englischen der dritten Auflage übersetzt von **Dr. phil. Robert Froebe.** 2 Bände in Lexikon-Format brosch. Mk. 51,—, eleg. geb. Mk. 57,—.

Das Erscheinen von H. P. Blavatskys „Secret Doctrine" (Geheimlehre) war für den geistigen Fortschritt der Menschheit von höchster Bedeutung. Von berufener Seite wurde gesagt, daß dieses Buch bestimmt sei, die Bibel des kommenden Jahrhunderts zu werden, und schon jetzt zeigen sich im Geistesleben der Völker allerorts Fortschritte, die nur auf die darin gebotenen Anregungen und Mitteilungen zurückzuführen sind. Die Wissenschaft nähert sich langsam aber stetig jenen Bahnen, die der in der „Secret Doctrine" vertretenen **Vereinigung von Wissenschaft, Religion und Philosophie** entsprechen. Kräfte, deren Wirkungen in der „Geheimlehre" genau beschrieben sind, beginnen bemerkt und beobachtet zu werden, ohne daß man sagen könnte, daß ein nur irgendwie angemessener Bruchteil des Werkes schon vollständig Eigentum der Völker geworden sei. Die „Geheimlehre" ist von so unerschöpflichem Reichtum, daß sie unbedingt imstande sein wird, durch Jahrhunderte dem menschlichen Fortschritte als Führer zu dienen.

Hier auch nur annähernd eine Übersicht über den außerordentlich reichen Inhalt des Buches zu geben, ist unmöglich. **Derselbe wird durch eine ganze Bibliothek bisher veröffentlichter Bücher nicht aufgewogen, und fast jeder Satz könnte zu einem mehr oder minder umfangreichen Buche verarbeitet werden.**

Das Werk eignet sich daher für die Bibliothek eines jeden Mannes der Wissenschaft — mag er der Methode der „Geheimlehre" auch noch so feindlich gegenüberstehen — als reiche Fundgrube von Anregungen auf naturwissenschaftlichem, welt-, religions- und kulturgeschichtlichem, sowie philosophischem, metaphysischem und ethischem Gebiet. Es entrollt ein Weltbild ohnegleichen, das besonders den Astronomen und Anthropologen interessieren wird, und ebenso willkommen wird es nach allseitiger Ausbildung seines Geistes strebenden Denker auf jeder Gesellschaftsstufe sein als eine unerschöpfliche Quelle von Stoff zu eigenem Nachdenken, von Fingerzeigen, die zu den tiefsten Spekulationen über das Problem der menschlichen Natur anleiten.

H. P. Blavatsky selbst faßt den Zweck des Buches in folgende Worte: „Zu zeigen, daß die Natur nicht ein zufälliges Zusammentreffen von Atomen ist, und dem Menschen seinen richtigen Platz im Weltenplan zuzuweisen, die uralten Wahrheiten, welche die Grundlagen aller Religionen sind, aus Erniedrigung zu befreien und bis zu einem gewissen Grade die fundamentale Einheit, aus der sie alle entsprungen sind, aufzudecken; schließlich zu zeigen, daß die Wissenschaft der modernen Zivilisation niemals der okkulten Seite der Natur auch nur entfernt gerecht geworden sei."

Wer sich dem Studium der Geheimlehre widmet und unter deren Einflusse seinen geistigen Horizont täglich weiter werden sieht, wird sich nur mit Staunen fragen können, wie groß der Geist gewesen sein muß, dessen Inhalt in diesem Buche seinen Ausdruck findet.

Man verlange ausführlichen 16 Seiten starken Prospekt über das Werk!